GiveBack to Algeria

Honorer notre Héritage, Bâtir notre Avenir

Construire demain, aujourd'hui

Toufik Bakhti

Copyright © 2026 Toufik Bakhti

Tous droits réservés.

Aucune partie de ce livre ne peut être reproduite, stockée dans un système de récupération, ou transmise sous quelque forme que ce soit ou par quelque moyen que ce soit sans l'autorisation écrite préalable de l'auteur, à l'exception de brèves citations dans des critiques.

Contact : info@givebacktoalgeria.com | givebacktoalgeria.com

Ce livre décrit une initiative citoyenne proposée. La formulation juridique et les démarches réglementaires doivent être examinées et validées par des professionnels du droit qualifiés en Algérie avant toute inscription officielle ou mise en œuvre.

Contents

GiveBack to Algeria 1
   Honorer notre Héritage, Bâtir notre Avenir 1
      Construire demain, aujourd'hui 2
      Toufik Bakhti 2
Table des matières .... Error! Bookmark not defined.
  GiveBack to Algeria : honorer notre héritage, construire notre avenir 7
Aperçu historique 8
   Les débuts de la résistance contre la colonisation française (1830-1954) 8
   La montée des mouvements nationalistes algériens et l'Association des oulémas musulmans algériens (années 1930-1950) 9
   La lutte pour l'indépendance (1954-1962) 10
L'esprit de sacrifice dans la croyance algérienne 12
Plan d'affaires détaillé de l'initiative GiveBack to Algeria 13
Note au lecteur 14
Résumé exécutif 15
Pourquoi GiveBack to Algeria ? 16
Vision et mission 17
Valeurs fondamentales 18
Gouvernance et modèle opérationnel 19
Protections juridiques obligatoires (intégrité par conception) 20
Coopération avec les organismes publics (coopérer sans compromettre) 21
Modèle de financement citoyen 22
Feuille de route 23
Portefeuille de projets 24
Objectifs 25

Total des fonds à recueillir 26
Allocation budgétaire 27
   GiveBack to Algeria : Concept de chaîne de supermarchés 29
   GiveBack to Algeria : Construire un avenir meilleur 46
      Revitaliser l'Algérie : préserver le patrimoine par la restauration et la préservation 47
      Projections de revenus et de bénéfices 70
      Chiffre d'affaires total sur 5,5 ans 73
      Bénéfice total sur 5,5 ans 75
      Utilisation des revenus et des bénéfices 76
   Considérations clés pour l'initiative « GiveBack to Algeria » 77
      1. Planification financière et allocation budgétaire 78
      2. Gestion de projet 78
      3. Engagement communautaire 79
      4. Durabilité 80
      5. Conformité réglementaire 81
      6. Gestion des risques 81
   Structure de découpage du projet (PBS) pour l'initiative « GiveBack to Algeria » 82
   Ressources supplémentaires pour l'initiative GiveBack to Algeria 90
   Initiative GiveBack to Algeria : Structure organisationnelle ... 94
   Plan de recrutement 98
Rejoignez l'initiative GiveBack to Algeria 98
   Postes disponibles : 98
   Comment postuler 101
Comment procéder avec tous les projets de l'initiative GiveBack to Algeria 101
   Système administratif en Algérie 102

Année 1 : Fondation et planification de l'initiative GiveBack to Algeria 102

   Aperçu 102

   Plan détaillé pour l'année 1 103

   Calendrier sommaire pour l'année 1 107

   Années 2-3 : Construire l'infrastructure de l'initiative GiveBack to Algeria 107

   Année 2 : Mise à l'échelle 107

   Année 3 : Consolider la croissance 110

   Années 4-5 : Expansion et durabilité pour l'initiative GiveBack to Algeria 113

Année 4 : Expansion et optimisation 113

   1. Développer des projets réussis 113

   2. Optimiser l'efficacité opérationnelle 114

   3. Renforcer la gestion financière 114

   4. Approfondir l'engagement des donateurs et de la communauté 114

   5. Surveiller et évaluer l'impact 115

   Calendrier sommaire pour l'année 4 115

Année 5 : Assurer la durabilité 115

   1. Consolider la durabilité du projet 115

   2. S'étendre à de nouvelles régions 116

   3. Améliorer les flux de revenus 116

   4. Institutionnaliser les meilleures pratiques 116

   5. Planification stratégique à long terme 117

   Calendrier sommaire pour l'année 5 117

   Années 6-7 : Innovation et consolidation pour l'initiative GiveBack to Algeria 118

Année 6 : Innovation et croissance 118

1. Lancer des projets innovants 118
2. Améliorer les projets existants 118
3. Renforcer l'engagement communautaire 119
4. Optimiser les stratégies financières 119
5. Surveiller et évaluer les progrès 120
Calendrier sommaire pour l'année 6 120
Année 7 : Consolidation et durabilité 120
1. Consolider les acquis 121
2. Approfondir les efforts en matière de durabilité 121
3. Développer les initiatives réussies 121
4. Planification financière à long terme 122
5. Favoriser la culture de l'innovation 122
Calendrier sommaire pour l'année 7 122
Appel à l'action 123
Projets futurs prévus par l'initiative GiveBack to Algeria 125
Agriculture 125
Approvisionnement en viande rouge 128
Poisson et pêche 132
Donnez aux chaînes de restaurants algériennes 136
Ligue d'excellence en éducation (EEL) 139
Stratégie de l'Initiative de commandite sportive 144
Contenu en ligne algérien 151
Conclusion : L'Impératif de l'Initiative GiveBack to Algeria 157
La Nécessité de l'Initiative GiveBack to Algeria 157
L'Idée Derrière l'Initiative GiveBack to Algeria 158
L'Importance de la Participation et du Soutien 158
Main dans la Main : Reconstruire et Moderniser 159
Merci d'avoir lu et partagé 162

Merci de lire et de partager.. 162

GiveBack to Algeria : honorer notre héritage, construire notre avenir

Aperçu historique

Le voyage vers l'indépendance de l'Algérie est un récit puissant de résilience, de sacrifice et d'une détermination inébranlable. En réfléchissant à l'histoire de notre nation, nous reconnaissons que les libertés et les possibilités dont nous jouissons aujourd'hui ont été assurées grâce aux immenses efforts de ceux qui nous ont précédés. Nos pères, nos grands-pères et d'innombrables autres ont consacré leur vie à la lutte pour l'indépendance, illustrant leur engagement inébranlable envers l'Algérie.

Les débuts de la résistance contre la colonisation française (1830-1954)

La lutte pour l'indépendance de l'Algérie n'a pas commencé en 1954 ; ses racines remontent à l'invasion française initiale en 1830. Dès le début, le peuple algérien a farouchement résisté à la colonisation française.

1. **Résistance d'Abdelkader (1832-1847)** : L'émir Abdelkader a mené l'un des premiers et des plus importants soulèvements contre la domination française. Son leadership et ses prouesses militaires lui ont permis d'unifier diverses tribus et d'établir un mouvement de résistance substantiel, qui a réussi à contenir les forces françaises pendant plusieurs années avant sa capture et son exil.
2. **Bou Baghla et Lalla Fatma N'Soumer (1851-1857)** : Bou Baghla, avec l'emblématique dirigeante Lalla Fatma N'Soumer, a mené une résistance notable dans la région de Kabylie. Leurs efforts ont suscité un large soutien et démontré l'opposition continue au contrôle français.
3. **Révolte de Mokrani (1871)** : Après des années de politiques oppressives et de confiscations de terres par les Français, le cheikh El Mokrani a mené une rébellion majeure en 1871. Ce soulèvement a connu une large participation et a été une déclaration puissante de la

résistance continue à la domination coloniale, même si elle a finalement été réprimée.
4. **Cheikh Bouamama (1881-1908)** : Un autre soulèvement majeur a été mené par Cheikh Bouamama, un chef religieux et tribal, qui a galvanisé le soutien des tribus du sud-ouest pour lutter contre les forces coloniales françaises. Sa résistance a duré plusieurs décennies, soulignant l'esprit d'opposition persistant du peuple algérien.
5. **Soulèvement de 1916** : Au milieu de la Première Guerre mondiale, un soulèvement majeur a eu lieu dans la région de l'Aurès, dirigé par la tribu Ouled Sidi Sheikh. Cette révolte était motivée par le mécontentement à l'égard des politiques de recrutement françaises et des conditions économiques difficiles imposées à la population locale.

La montée des mouvements nationalistes algériens et l'Association des oulémas musulmans algériens (années 1930-1950)

Au début du XXe siècle, la lutte pour l'indépendance a commencé à prendre une forme plus organisée et idéologique avec l'émergence de divers mouvements nationalistes et le rôle influent de l'Association des oulémas musulmans algériens.

1. **L'émergence des mouvements nationalistes** : Au cours des années 1930, plusieurs organisations politiques sont apparues, défendant les droits et l'indépendance du peuple algérien. Parmi celles-ci, l'Étoile Nord-Africaine, fondée par Messali Hadj en 1926, a joué un rôle crucial dans la galvanisation des sentiments nationalistes. Ce mouvement a jeté les bases d'un futur activisme politique et a inspiré la création d'autres groupes nationalistes.
2. **Le rôle de l'Association des oulémas musulmans algériens** : Fondée en 1931 par le cheikh Abdelhamid Ben Badis et d'autres éminents érudits, l'Association des oulémas musulmans algériens était un mouvement culturel et religieux majeur. Les oulémas se sont concentrés sur la

revitalisation des valeurs islamiques, la promotion de la langue et de l'éducation arabes et la préservation de l'identité algérienne contre les politiques d'assimilation coloniales françaises. Leur devise, « L'islam est notre religion, l'arabe est notre langue et l'Algérie est notre patrie », résumait leur mission.
3. **Le Parti du peuple algérien (PPA) :** En 1937, Messali Hadj transforme l'Étoile nord-africaine en Parti du peuple algérien, qui vise à obtenir une indépendance totale vis-à-vis de la France. Le PPA est devenu une force de premier plan au sein du mouvement nationaliste, plaidant pour la mobilisation politique et la conscience nationale.
4. **Le Manifeste du peuple algérien (1943) :** Pendant la Seconde Guerre mondiale, Ferhat Abbas, initialement nationaliste modéré, a publié le « Manifeste du peuple algérien », appelant à la reconnaissance de la souveraineté algérienne. Ce document a mis en évidence les aspirations à l'autodétermination et à l'égalité des droits, galvanisant davantage les sentiments nationalistes.

La lutte pour l'indépendance (1954-1962)

La résistance à la colonisation française a pris une forme plus organisée et militante au milieu du XXe siècle, culminant avec la guerre d'indépendance algérienne.

1. **Le massacre de Sétif (8 mai 1945) :** L'étincelle initiale de la résistance à l'ère moderne remonte à cet événement tragique lorsque des manifestations pacifiques à Sétif, Guelma et Kherrata ont été violemment réprimées par les forces françaises, entraînant la mort de milliers d'Algériens. Ce massacre a souligné le ressentiment profond et le désir d'indépendance du peuple algérien.
2. **Le déclenchement de la guerre d'Algérie (1er novembre 1954) :** Cette date marque le début officiel de la guerre d'indépendance algérienne, lancée par le Front de libération nationale (FLN). Le FLN a joué un rôle crucial dans

l'organisation et la direction de la résistance contre la domination française.
3. **La bataille d'Alger (1956-1957)** : L'une des phases les plus importantes et les plus intenses de la guerre, la bataille d'Alger, a vu le FLN s'engager dans une guérilla urbaine dans la capitale. La réponse brutale de l'armée française, y compris l'usage de la torture, a suscité une condamnation internationale et galvanisé le soutien mondial à la cause algérienne.
4. **Les accords d'Évian (18 mars 1962)** : Les efforts persistants du FLN et l'esprit indomptable du peuple algérien ont abouti à la signature des accords d'Evian. Ces accords ont conduit à un cessez-le-feu et ouvert la voie à l'indépendance de l'Algérie, officiellement déclarée le 5 juillet 1962.

L'esprit de sacrifice dans la croyance algérienne

L'esprit de sacrifice est l'une des plus hautes vertus de l'héritage algérien, enraciné dans la conviction profonde que la nation vaut tous les sacrifices. De la première résistance à la lutte ultérieure pour l'indépendance, les Algériens ont constamment démontré leur volonté de tout abandonner pour la liberté et l'indépendance de leur pays. Cet esprit était évident non seulement sur les champs de bataille, mais aussi dans les sacrifices quotidiens consentis par les gens face à l'oppression et à l'injustice.

Les sacrifices consentis par le peuple algérien ne sont pas seulement des souvenirs historiques ; ils font partie intégrante de notre identité nationale. Les Algériens ont appris de leurs ancêtres que se sacrifier pour la patrie est l'acte le plus noble. Chaque famille algérienne porte en elle des histoires d'individus qui ont sacrifié leur vie ou leur sécurité personnelle pour la vision d'une nation libre et indépendante. Ces histoires, transmises de génération en génération, alimentent l'esprit national et rappellent aux générations actuelles que la liberté n'est pas gratuite mais le résultat d'immenses sacrifices.

Plan d'affaires détaillé de l'initiative GiveBack to Algeria

Note au lecteur

GiveBack to Algeria (GBTA) est une initiative citoyenne en cours de préparation. Aucune collecte de fonds ni activité officielle ne doit être engagée tant que le cadre légal n'a pas été validé et que les structures ne sont pas enregistrées conformément au droit algérien.

Résumé exécutif

GiveBack to Algeria (GBTA) vise à mobiliser l'énergie et l'attachement des Algériens et des Algériennes, en Algérie comme à l'étranger, pour soutenir une stratégie de développement durable, territorialisée et mesurable, couvrant les 69 wilayas.

Le modèle proposé repose sur une Association nationale à but non lucratif (cadre de la loi 12-06) jouant le rôle de gardien de la mission et de l'intérêt général, et sur une société opérationnelle commerciale — Al Amana Development — détenue à 100 % par l'Association pour exécuter les projets.

Pourquoi GiveBack to Algeria?

• Parce que les défis économiques et sociaux exigent des solutions structurées, transparentes et durables.

• Parce que l'effort public, même essentiel, peut être renforcé par une mobilisation citoyenne complémentaire.

• Parce que l'Algérie a besoin de projets productifs créateurs d'emplois, capables de réinvestir en continu dans d'autres projets.

• Parce que la diaspora représente un levier majeur en matière de compétences, de réseaux et de capacités de financement.

Vision et mission

Vision : contribuer à bâtir une Algérie moderne, prospère et équitable — où la création de valeur, la qualité des services et l'accès aux opportunités se renforcent dans toutes les wilayas.

Mission : structurer une mobilisation citoyenne durable, financer et lancer des projets génératifs de revenus, puis réinvestir l'intégralité des excédents afin d'étendre l'impact, sans distribution de bénéfices à des individus.

Valeurs fondamentales

• Intégrité et responsabilité

• Transparence financière

• Compétence et professionnalisme

• Équité territoriale (69 wilayas)

• Inclusion (femmes et hommes, jeunes et seniors, Algérie et diaspora)

• Durabilité et impact mesurable

Gouvernance et modèle opérationnel

Le modèle propose une séparation claire : l'Association définit la stratégie, les règles de gouvernance et le cadre éthique; Al Amana Development exécute les projets selon des budgets approuvés, avec un reporting et des audits réguliers.

Les membres du conseil d'administration ne sont pas rémunérés. Les règles relatives aux conflits d'intérêts, la traçabilité des décisions et la publication d'informations essentielles sont au cœur du dispositif.

Protections juridiques obligatoires (intégrité par conception)

• Clauses de non-distribution : aucun bénéfice n'est distribué à des individus.

• Verrouillage de mission (asset-lock) : les actifs restent dédiés à l'intérêt général.

• Audit annuel indépendant et publication régulière d'informations financières.

• Procédures d'achat (procurement) et mise en concurrence traçable.

• Séparation des tâches et double validation des paiements.

• Politique stricte en matière de conflits d'intérêts, registre des décisions et contrôle interne.

Coopération avec les organismes publics (coopérer sans compromettre)

GBTA est conçue pour compléter l'effort public, dans le respect total des institutions et de la souveraineté de l'État. La coopération peut prendre plusieurs formes : conventions par projet, mémorandums d'entente (MoU), mise en cohérence avec les priorités nationales, partenariats techniques ou facilitation administrative.

Principe clé : coopérer sans compromettre. La transparence, l'indépendance de la mission et la redevabilité restent non négociables.

Modèle de financement citoyen

Le financement de référence proposé est une contribution mensuelle de 25 € par personne, symboliquement accessible et potentiellement puissante à grande échelle. L'objectif de mobilisation est de 1,5 million de contributeurs sur 7,5 ans (90 mois), soit un potentiel théorique de 3,375 milliards d'euros.

Les contributions ne doivent être envisagées qu'après la mise en place du cadre légal, des comptes dédiés, des contrôles, et des outils de transparence.

Feuille de route

• Phase 1 — Préparation : structuration, conformité, gouvernance, outils de transparence.

• Phase 2 — Pilotes : lancer quelques projets à fort impact et rapidement mesurables.

• Phase 3 — Extension : déployer progressivement dans les 69 wilayas selon une méthode claire.

• Phase 4 — Consolidation : améliorer, auditer, réinvestir, et renforcer la confiance.

Portefeuille de projets

Des projets visionnaires pour une Algérie prospère — sélectionnés selon leur impact, leur viabilité et leur capacité à créer des emplois.

- **Centres d'éducation et d'innovation** : Établir des établissements d'enseignement et des centres d'innovation à la fine pointe de la technologie qui offrent des possibilités de formation et de recherche de calibre mondial.
- **Établissements de santé** : Construire des hôpitaux et des cliniques modernes équipés de technologies médicales de pointe pour assurer des soins de santé accessibles et de haute qualité pour tous.
- **Projets de logement durable** : Développer des projets de logement abordables et écologiquement durables qui répondent aux besoins de diverses communautés.
- **Espaces culturels et récréatifs** : Créer des espaces culturels et récréatifs dynamiques qui améliorent la qualité de vie et favorisent la cohésion sociale.
- **Réseaux de transport avancés** : Mettre en œuvre des réseaux de transport efficaces et durables qui relient les villes et les régions, facilitant ainsi la croissance économique et la mobilité.

Objectifs

1. Lever €3,375 milliards sur 7,5 ans.
2. Financer et développer divers projets à travers l'Algérie.
3. Promouvoir le développement durable et la croissance économique.
4. Renforcer le lien entre la diaspora algérienne et sa patrie.

Total des fonds à recueillir

- Cotisation mensuelle par personne : €25
- Nombre de contributeurs : 1 500 000
- Durée : 7,5 ans (90 mois)

Calcul du total des fonds

- Total mensuel : 1 500 000 contributeurs * €25 = €37 500 000
- Total annuel : €37 500 000 * 12 = €450 000 000
- Total sur 7,5 ans : €37 500 000 * 90 = €3 375 000 000

Calcul de la cotisation annuelle

- Cotisation annuelle par personne : €25 * 12 = €300
- Contribution annuelle totale de tous les contributeurs : 1 500 000 contributeurs * €300 = €450 000 000

Allocation budgétaire

- Administration et fonctionnement : 1,5 % (€50 625 000)
- Marketing et engagement : 0,5 % (€16 875 000)
- Financement du projet : 98 % (€3 307 500 000)

Allocation de fonds pour les projets Répartition par catégorie de projet

1. **Chaîne de supermarchés (12,5 % du financement du projet)**
   - **Dotation totale :** €413 437 500
   - **Nombre estimé de projets :** cinquante supermarchés
   - **Coût moyen par projet :** €8 268 750

Description du projet

L'initiative « GiveBack to Algeria », menée par notre chaîne de supermarchés, incarne une vision transformatrice du paysage commercial algérien. Cette initiative est cruciale pour rationaliser le réseau de distribution, en éliminant ainsi les intermédiaires excessifs qui gonflent actuellement les coûts et réduisent l'efficacité. En nous concentrant sur l'approvisionnement direct, nous visons à combler le fossé entre les producteurs et les consommateurs, en veillant à ce que les produits parviennent rapidement des fermes et des usines aux rayons de nos supermarchés.

L'une des stratégies clés de notre initiative consiste à établir un réseau de distribution robuste et étendu. Ce réseau est essentiel pour plusieurs raisons. Premièrement, cela réduit la dépendance à l'égard de nombreux intermédiaires qui prennent traditionnellement une part à chaque étape de la chaîne d'approvisionnement. En nous approvisionnant directement auprès des agriculteurs et des fabricants, nous pouvons réduire considérablement les coûts, ce qui garantit que les économies sont répercutées sur nos clients. Cette approche rend non seulement nos prix plus compétitifs, mais offre également une offre plus équitable aux producteurs, qui peuvent vendre leurs produits avec de meilleures marges.

En Algérie, les marchés alimentaires traditionnels ont longtemps été une pierre angulaire de la vie quotidienne, offrant une gamme dynamique de produits frais, de viandes et d'autres produits essentiels. Cependant, ces marchés souffrent souvent d'inefficacités telles qu'un approvisionnement irrégulier, une qualité variable et des fluctuations de prix. La modernisation de ces marchés est impérative pour répondre aux demandes croissantes d'une base de consommateurs évoluée. En intégrant les dernières technologies en matière de gestion des stocks, de stockage et de logistique, nos supermarchés peuvent offrir une expérience d'achat plus fiable et plus cohérente.

Des systèmes avancés de gestion des stocks garantissent que nos rayons sont toujours garnis de produits frais, ce qui réduit les déchets et optimise les stocks. Des installations d'entreposage modernes, équipées de technologies de réfrigération et de conservation de pointe, contribuent à préserver la qualité et la longévité des denrées périssables. Des opérations logistiques efficaces, tirant parti d'un logiciel de pointe pour la planification des itinéraires et des livraisons, garantissent que les produits sont transportés rapidement et en toute sécurité des fournisseurs aux magasins.

L'initiative « GiveBack to Algeria » ne vise pas seulement à améliorer l'efficacité et à réduire les coûts ; il s'agit également de créer un système de distribution alimentaire durable et équitable. En collaborant étroitement avec les agriculteurs et les producteurs locaux, nous renforçons le sentiment d'appartenance à la communauté et soutenons l'économie locale. Cette initiative est une étape vers la construction d'une chaîne d'approvisionnement alimentaire plus résiliente capable de résister aux fluctuations du marché et d'offrir des prix stables aux consommateurs.

En outre, les efforts de modernisation établiront de nouvelles normes pour le secteur de la vente au détail en Algérie, ce qui encouragera d'autres acteurs du marché à adopter des pratiques similaires. Ce mouvement collectif vers l'efficacité et l'innovation profitera à l'ensemble de l'écosystème, des producteurs aux consommateurs.

En conclusion, l'implication de notre chaîne de supermarchés dans l'initiative « GiveBack to Algeria » témoigne de notre engagement à transformer le réseau de distribution alimentaire du pays. En réduisant les intermédiaires, en tirant parti des technologies modernes et en soutenant les producteurs locaux, nous visons à fournir des produits de haute qualité à des prix compétitifs, tout en favorisant une croissance économique durable. Cette initiative est une étape cruciale vers un environnement commercial moderne, efficace et équitable en Algérie.

GiveBack to Algeria : Concept de chaîne de supermarchés

L'initiative GiveBack to Algeria vise à soutenir les communautés locales en établissant une chaîne de supermarchés répondant à divers besoins d'achat, tout en promouvant les produits locaux. La chaîne de supermarchés proposera une variété de magasins, conçus pour répondre à différentes tailles de communautés et aux préférences d'achat. Voici un aperçu des formats de magasin proposés :

1. HyperMax

Description : **Les** magasins HyperMax sont de grands hypermarchés qui proposent une gamme complète de produits, notamment des aliments, des vêtements, des appareils électroniques et des articles ménagers. Ces magasins serviront de destinations de guichet unique, offrant une vaste gamme de produits et des services supplémentaires.

Taille et capacité :

- **Taille moyenne** : 5 000 à 9 000 mètres carrés
- **Gamme de produits** : Large gamme d'épicerie, de produits frais, de vêtements, d'appareils électroniques, de meubles, etc.
- **Installations de stationnement** : Grandes aires de stationnement pouvant accueillir des centaines de véhicules.
- **Services** : Pharmacies, opticiens, services photo, cafés/restaurants et espaces pour les événements communautaires.

Exemple : Un magasin HyperMax desservira une vaste zone régionale, stockant des dizaines de milliers de gammes de produits pour gérer de grands volumes d'acheteurs et des offres de produits diversifiées.

2. SuperMart

Description : **Les** supermarchés sont de grands supermarchés standard qui offrent une large sélection d'épicerie et d'articles ménagers. Généralement situés dans les banlieues et les petites villes, ces magasins offrent une expérience d'achat pratique pour les achats hebdomadaires ou en gros.

Taille et capacité :

- **Taille moyenne** : 1 800 à 4 500 mètres carrés
- **Gamme de produits** : Gamme complète d'épicerie, de produits frais et d'articles ménagers, avec une sélection plus limitée d'articles non alimentaires par rapport à HyperMax.
- **Installations de stationnement** : Aires de stationnement modérées à grandes.
- **Services** : Boulangeries en magasin, épiceries fines et sections pour les vêtements et les articles ménagers.

Exemple : Les magasins SuperMart s'adressent aux familles et aux particuliers à la recherche d'une grande variété de produits, avec des milliers d'articles disponibles.

3. Frais urbain

Description : Les magasins UrbanFresh sont des magasins de taille moyenne situés dans les centres-villes et les zones urbaines, axés sur la commodité et les achats fréquents. Ils sont idéaux pour les courses quotidiennes ou complémentaires, fournissant des produits d'épicerie essentiels et des repas prêts à manger.

Taille et capacité :

- **Taille moyenne** : 600 à 1 300 mètres carrés
- **Gamme de produits** : Épicerie, plats cuisinés et produits de première nécessité.
- **Parkings** : Parking dédié limité ou inexistant, avec des options de stationnement public dans la rue ou à proximité.
- **Services** : Services de base tels que les distributeurs automatiques de billets et les petites boulangeries en magasin.

Exemple : Les magasins UrbanFresh soutiendront les modes de vie urbains occupés, offrant environ 5 000 à 10 000 gammes de produits pour des achats rapides et efficaces.

4. Achat rapide

Description : Les magasins QuickShop sont de petits dépanneurs situés dans des zones résidentielles et très fréquentées. Conçus pour des achats rapides et pratiques, ils offrent des produits d'épicerie essentiels et des articles de première nécessité.

Taille et capacité :

- **Taille moyenne** : 180 à 450 mètres carrés
- **Gamme de produits** : Produits d'épicerie essentiels, collations, boissons et articles prêts à manger.
- **Installations de stationnement** : Stationnement réservé limité ou inexistant.
- **Services** : Axé sur la commodité avec des options de caisse libre-service.

Exemple : Les magasins QuickShop proposent une gamme compacte de 3 000 à 7 000 produits, parfaite pour les recharges rapides et les achats urgents.

5. Quartier

Description : Les magasins de quartier sont de petits dépanneurs de quartier qui visent à fournir des produits d'épicerie de base et des articles ménagers essentiels à des prix concurrentiels. Ils seront situés dans des quartiers résidentiels afin de répondre aux besoins quotidiens des communautés locales.

Taille et capacité :

- **Taille moyenne** : 90 à 250 mètres carrés
- **Gamme de produits** : Gamme de base d'épicerie, de collations et d'articles ménagers essentiels.
- **Installations de stationnement** : stationnement minimal ou en rue.
- **Services** : Services de base axés sur la commodité, tels que le paiement de factures et les réapprovisionnements mobiles.

Exemple : Les magasins de proximité proposent une gamme limitée d'environ 2 000 à 5 000 produits, adaptés aux besoins d'achat rapides et quotidiens.

La chaîne de supermarchés GiveBack to Algeria proposera différents formats de magasins, des grands hypermarchés (HyperMax) aux petits magasins de proximité (Neighbourhood), afin de satisfaire les divers besoins d'achat des communautés algériennes. En valorisant les produits locaux et en fournissant des services essentiels, ces magasins renforceront l'engagement communautaire et soutiendront le développement économique partout en Algérie.

Étude de marché et planification :

Pour assurer le succès de la chaîne de supermarchés, une étude de marché et une planification complète seront réalisées. Cela implique d'analyser les besoins des consommateurs, d'identifier les emplacements optimaux et de comprendre la dynamique du marché local. Des études de faisabilité détaillées évalueront la demande potentielle et la rentabilité de chaque supermarché. Des partenariats stratégiques avec des producteurs et des fournisseurs locaux seront établis afin d'assurer un approvisionnement régulier et diversifié en marchandises. Des plans de marketing seront élaborés pour renforcer la notoriété de la marque et attirer les clients, en tirant parti des canaux de médias traditionnels et numériques.

1. **Chaîne d'hôtels (10 % du financement du projet)**
    - **Dotation totale :** €320 625 000
    - **Nombre estimé de projets :** vingt hôtels
    - **Coût moyen par projet :** €16 031 250

Description du projet

L'initiative « GiveBack to Algeria » se lance dans le cadre d'un projet ambitieux visant à créer une chaîne d'hôtels qui transformera l'Algérie en une destination de choix pour les touristes locaux et internationaux. Cette initiative vise à capitaliser sur l'immensité et la diversité de l'Algérie, en offrant aux visiteurs une expérience unique alliant luxe et riche patrimoine culturel du pays.

L'Algérie, le plus grand pays d'Afrique et du monde arabe, s'étend sur une superficie impressionnante de 2,38 millions de kilomètres carrés. Ce vaste territoire abrite une population de plus de quarante-trois millions de personnes et présente un large éventail de paysages, de la côte méditerranéenne immaculée au spectaculaire désert du Sahara, qui couvre plus de 80 % du pays. La géographie diversifiée de l'Algérie comprend également le fertile Atlas de Tell et les majestueuses montagnes du Hoggar, ce qui en fait un paradis pour les amoureux de la nature et les amateurs d'aventure.

La nécessité d'une infrastructure hôtelière robuste en Algérie est évidente. Malgré son immense potentiel, le secteur du tourisme algérien reste sous-développé. En créant une chaîne d'hôtels, l'initiative « GiveBack to Algeria » cherche à combler cette lacune en offrant un hébergement de haute qualité répondant aux besoins des voyageurs nationaux et internationaux. Ce développement est crucial pour promouvoir le tourisme local, créer des emplois et stimuler l'économie.

Types et caractéristiques des hôtels

La chaîne hôtelière comprendra une gamme diversifiée de types d'hébergement pour répondre aux besoins et aux préférences variés des voyageurs :

1. **Hôtels de luxe :**
    - Offrez un hébergement haut de gamme, doté de nombreux équipements, de services personnalisés et d'un cadre élégant.
    - Les caractéristiques comprennent des restaurants gastronomiques, des services de spa et des services de conciergerie.
2. **Hôtels de charme :**
    - Des hôtels plus petits et élégants avec un décor unique et une expérience personnalisée, souvent trouvés dans des zones urbaines.
    - L'accent est mis sur le service individualisé et la culture locale.
3. **Hôtels de villégiature :**
    - Situé dans des destinations de vacances, offrant des installations de loisirs telles que des piscines, des terrains de golf et des spas.
    - Conçu pour la détente et les loisirs.
4. **Hôtels d'affaires :**
    - Répondez aux besoins des voyageurs d'affaires avec des équipements tels que des salles de conférence, une connexion Wi-Fi, des centres d'affaires et des emplacements centraux.
    - Concentrez-vous sur la commodité et l'efficacité pour les clients d'affaires.

5. **Hôtels d'aéroport** :
    - Situé à proximité des aéroports, il offre des services pratiques aux voyageurs, notamment des services de navette et des enregistrements anticipés et tardifs.
    - Idéal pour les passagers en transit et les courts séjours.
6. **Hôtels avec suites** :
    - Des espaces de vie et une cuisine séparée sont disponibles, ce qui est idéal pour les familles ou les séjours de longue durée.
    - Offrez un environnement comme à la maison avec des services hôteliers.
7. **Hôtels pour séjours prolongés** :
    - Conçu pour les clients à long terme, il offre une cuisine entièrement équipée et des équipements plus chaleureux.
    - Convient aux voyageurs en voyage d'affaires prolongé ou en déménagement.
8. **Hôtels économiques** :
    - Offrez un hébergement basique à moindre coût, idéal pour les voyageurs soucieux de leur budget.
    - Concentrez-vous sur les commodités essentielles et les tarifs abordables.
9. **Hôtels écologiques** :
    - Concentrez-vous sur la durabilité et les pratiques respectueuses de l'environnement, en utilisant souvent de l'énergie et des matériaux verts.
    - Mettez en œuvre des pratiques écologiques comme les panneaux solaires et le recyclage des déchets.
10. **Auberges de jeunesse** :
    - Proposez un hébergement partagé économique, généralement avec des

- chambres de style dortoir et des espaces communs.
- Populaire auprès des routards et des jeunes voyageurs.

11. **Motels** :
    - Généralement situé le long des autoroutes, offrant un hébergement pratique et sans fioritures avec un accès facile au stationnement.
    - Idéal pour les voyageurs en voyage.

12. **Chambres d'hôtes (B&B)** :
    - Petits établissements offrant l'hébergement et le petit-déjeuner, souvent dans un cadre familial.
    - Offrez une expérience d'hébergement confortable et intime.

13. **Hôtels Spa** :
    - Ils disposent de services de spa complets, de soins de bien-être et d'équipements de détente.
    - Focus sur le tourisme de santé et de bien-être.

14. **Hôtels Héritage** :
    - Exploitez des bâtiments historiques, offrant un mélange d'architecture traditionnelle et de confort moderne.
    - Préserver et promouvoir le patrimoine culturel de la région.

15. **Hôtels tout compris** :
    - Offrez l'hébergement, les repas, les boissons et diverses activités à un prix forfaitaire.
    - Idéal pour les voyageurs à la recherche d'une expérience de vacances sans tracas.

16. **Hôtels de conférence/congrès** :
    - Équipé de grands espaces de réunion et d'installations pour conférences et événements.

- Conçu pour accueillir des événements et rassemblements professionnels à grande échelle.

17. **Appartements avec services** :
    - Appartements entièrement meublés disponibles pour des séjours de courte ou de longue durée, avec des services d'hôtel.
    - Offrir un équilibre entre la vie résidentielle et les commodités de l'hôtel.

18. **Maisons d'hôtes de charme** :
    - Des hébergements plus petits et personnalisés, souvent avec un décor unique et une atmosphère chaleureuse.
    - Offrez une expérience d'hébergement intime et charmante.

19. **Villas** :
    - Offrez un hébergement privé et autonome, souvent luxueux, doté de nombreux équipements et services.
    - Idéal pour les voyageurs en quête d'intimité et d'exclusivité.

20. **Auberges historiques** :
    - Offrez un hébergement dans des bâtiments historiques, souvent avec des meubles anciens et une ambiance authentique.
    - Préservez le charme historique tout en offrant le confort moderne.

21. **Hôtels d'aventure** :
    - Répondez aux besoins des amateurs d'aventure en leur offrant des activités de plein air telles que la randonnée, le ski ou la plongée.
    - Situé dans des régions reconnues pour leurs attraits naturels et leurs activités de plein air.

Chaque hôtel de cette chaîne reflétera le patrimoine culturel et architectural unique de sa région. Par exemple, les hôtels des villes côtières comme Alger et Oran présenteront des designs d'inspiration méditerranéenne, tandis que ceux des régions désertiques, comme Tamanrasset et Djanet, adopteront une architecture berbère traditionnelle. Les aménagements intérieurs intégreront de l'artisanat, de l'art et des textiles locaux, créant une expérience immersive qui célèbre l'artisanat algérien.

L'hospitalité algérienne est réputée pour sa chaleur et sa générosité, et ce sera une pierre angulaire de la chaîne hôtelière. Les invités seront accueillis par des cérémonies traditionnelles, bénéficieront d'un service personnalisé et savoureront une cuisine algérienne authentique. Des épices parfumées d'un couscous bien préparé à la douceur des pâtisseries fourrées aux dattes, l'offre culinaire mettra en valeur les riches traditions gastronomiques du pays.

En plus de proposer des hébergements luxueux, les hôtels mettront l'accent sur la durabilité et l'engagement communautaire. Chaque propriété mettra en œuvre des pratiques respectueuses de l'environnement, allant des technologies économes en énergie aux programmes de réduction des déchets. De plus, les hôtels s'engageront activement auprès des communautés locales, en offrant des opportunités de formation et d'emploi aux résidents et en s'approvisionnant auprès de fournisseurs locaux.

La création de cette chaîne hôtelière permettra également aux touristes de découvrir la beauté des paysages variés de l'Algérie. Les visiteurs peuvent explorer les anciennes ruines romaines de Timgad et de Djemila, toutes deux classées au patrimoine mondial de l'UNESCO, et faire une randonnée dans l'impressionnant parc national du Tassili n'Ajjer, connu pour son art rupestre préhistorique. Les villes côtières offrent de superbes plages et des marchés animés, tandis que le Sahara promet des expériences inoubliables, comme des randonnées à dos de chameau et l'observation des étoiles sous un ciel clair et désertique.

En résumé, la chaîne hôtelière de l'initiative « GiveBack to Algeria » jouera un rôle central dans la mise en valeur de la beauté et de la diversité de l'Algérie. En offrant des hébergements de haute qualité et culturellement immersifs dans tout le pays, cette initiative attirera les touristes, favorisera la croissance économique et célébrera le patrimoine unique de chaque région algérienne. Ce réseau d'hôtels permettra non seulement de valoriser l'infrastructure touristique, mais aussi d'incarner l'esprit de l'hospitalité algérienne, rendant le séjour de chaque visiteur mémorable et enrichissant.

Étude de marché et planification :

Une étude de marché complète sera menée pour identifier les emplacements de choix pour les hôtels, comprendre les préférences des clients cibles et analyser la concurrence. Des études de faisabilité évalueront le potentiel de croissance du tourisme dans certaines régions. La collaboration avec les offices de tourisme locaux et les agences de voyages internationales contribuera à promouvoir les hôtels. Des plans d'affaires détaillés décriront les stratégies opérationnelles, les initiatives de marketing et les projections financières afin d'assurer une croissance et une rentabilité durables.

2. **Chaîne de magasins pour elle et lui (10 % du financement du projet)**
    - **Dotation totale :** €320 625 000
    - **Nombre estimé de projets :** 100 magasins
    - **Coût moyen par projet :** €3 206 250

Description du projet

L'initiative de créer une chaîne de magasins pour les hommes et les femmes en Algérie, dans le cadre de GiveBack to Algeria, est à la fois opportune et louable. Voici une ventilation détaillée des magasins proposés pour les hommes et les femmes, soulignant la nécessité et la valeur ajoutée d'avoir des magasins gérés par des femmes pour les femmes :

Pour lui : El Aneek Chain

4. **El Aneek Santé et toilettage**
   - **Description :** Cette boutique proposera une variété de produits de santé et de soins spécialement conçus pour les hommes, notamment des soins de la peau, des soins capillaires, des produits de rasage essentiels et d'hygiène personnelle.
5. **El Aneek Vêtements et accessoires**
   - **Description :** Une large gamme de vêtements et d'accessoires pour hommes sera disponible ici, allant des vêtements décontractés aux tenues de cérémonie, en passant par des accessoires tels que des ceintures, des cravates, des portefeuilles et des montres.
6. **El Aneek Fitness & Sports**
   - **Description :** Ce magasin répondra aux besoins des hommes en matière de fitness et de sport, en fournissant des vêtements de sport, des équipements de gymnastique, des équipements sportifs et des suppléments nutritionnels.
7. **Les chaussures Aneek**
   - **Description :** Une boutique dédiée aux chaussures pour hommes, offrant une variété de styles allant des chaussures décontractées

et formelles aux chaussures de sport et de plein air.
8. **Le marié El Aneek**
    - **Description :** El Aneek Groom est une boutique dédiée à la fourniture de vêtements et d'accessoires élégants pour les hommes se préparant à leur jour de mariage. Le magasin propose un large choix de costumes élégants, d'accessoires sophistiqués et de vêtements traditionnels algériens comme El Bournous, garantissant que les mariés sont au mieux de leur apparence pour leur jour spécial.

- **Pour elle : El Aneeka Chain**
    9. **El Aneeka Santé et beauté**
        - **Description :** Ce magasin offrira une gamme complète de produits de santé et de beauté pour les femmes, y compris des produits de soins de la peau, des soins capillaires, du maquillage et des produits de bien-être.
    10. **El Aneeka Vêtements et accessoires**
        - **Description :** Les vêtements et accessoires pour femmes seront à l'honneur ici, allant des vêtements décontractés aux robes de soirée, en passant par des accessoires tels que des bijoux, des sacs à main, des écharpes et des chapeaux.
    11. **El Aneeka Fitness & Sports**
        - **Description :** Répondant aux besoins des femmes en matière de fitness et de sport, ce magasin fournira des vêtements de sport, des équipements de fitness, des équipements sportifs et des suppléments de santé.
    12. **Chaussures El Aneeka**

- **Description :** Un magasin spécialisé dans les chaussures pour femmes, offrant une large gamme de styles allant des chaussures décontractées et formelles aux chaussures de sport et d'extérieur.

13. **La mariée Aneeka**
    - **Description :** Dédiée aux vêtements et accessoires de mariée, cette boutique proposera des robes de mariée, des accessoires de mariée, des chaussures et des services pour aider les futures mariées à se préparer pour leur grand jour.

Importance et nécessité de ces chaînes

Combler les lacunes du marché : La création de ces chaînes comble une lacune importante du marché en Algérie, où il existe une demande croissante de magasins spécialisés répondant aux besoins uniques des hommes et des femmes. Ces magasins fourniront des produits et des services de haute qualité qui ne sont souvent pas facilement disponibles, garantissant aux clients l'accès à une gamme diversifiée de produits.

Autonomisation économique : En établissant ces chaînes, l'initiative contribuera au développement économique local en créant des emplois, en stimulant la croissance des entreprises et en soutenant les fournisseurs locaux. Ceci, à son tour, contribue à renforcer l'économie et à améliorer le niveau de vie.

Magasins pour femmes gérés par des femmes : la chaîne El Aneeka

Autonomisation et inclusion : La chaîne de magasins El Aneeka sera dirigée par des femmes, pour les femmes. Cette approche est cruciale pour plusieurs raisons :

14. **Autonomisation :** La gestion de ces magasins offre aux femmes de précieuses opportunités commerciales et de leadership, favorisant l'autonomisation économique et l'égalité des sexes.
15. **Inclusivité : Les** magasins gérés par des femmes peuvent mieux comprendre et répondre aux besoins et préférences spécifiques des clientes, garantissant une expérience d'achat plus personnalisée et satisfaisante.
16. **Soutien communautaire :** Les femmes entrepreneures réinvestissent souvent dans leurs communautés, favorisant un réseau de soutien et favorisant un changement social positif.

Stratégie de mise en œuvre

17. **Étude de marché :** Mener une étude de marché approfondie pour comprendre les besoins et les préférences du public cible en Algérie.
18. **Sélection de l'emplacement :** Choisissez des emplacements stratégiques pour les magasins dans les villes clés afin de maximiser la portée et l'accessibilité.
19. **Développement de la marque :** Développer une image de marque forte pour El Aneek et El Aneeka, en mettant l'accent sur la qualité, la satisfaction du client et l'implication de la communauté.
20. **Approvisionnement en produits :** Procurez-vous des produits de haute qualité auprès de fournisseurs fiables pour garantir une gamme de produits diversifiée et attrayante.
21. **Marketing et promotion :** Lancer une campagne complète de marketing et de promotion pour faire connaître les magasins et l'initiative GiveBack to Algeria.
22. **Expérience client :** Concentrez-vous sur la création d'une expérience d'achat agréable et transparente

pour les clients, avec un personnel compétent et un excellent service client.
23. **Engagement communautaire :** Engagez-vous auprès de la communauté locale par le biais d'événements, de promotions et de partenariats pour fidéliser votre clientèle et soutenir l'initiative GiveBack to Algeria.

Ce plan vise non seulement à fournir des produits et services de qualité, mais aussi à contribuer positivement à l'économie locale et au développement communautaire en Algérie, en mettant l'accent sur l'autonomisation des femmes par l'entrepreneuriat.

Étude de marché et planification :

Une étude de marché détaillée sera menée pour comprendre les habitudes et les préférences d'achat des personnes dans différentes régions. Des études de faisabilité permettront d'évaluer la demande potentielle et d'identifier les emplacements optimaux pour les magasins. Des partenariats stratégiques avec des fournisseurs locaux et internationaux seront établis pour assurer une gamme de produits diversifiée. Des plans d'affaires complets décriront les stratégies de marketing, les flux de travail opérationnels et les projections financières pour assurer le succès et la durabilité des magasins.

3. **Immeubles d'habitation en Algérie (20 % du financement des projets)**
    - **Dotation totale :** €641 250 000
    - **Nombre estimé de projets :** 100 immeubles d'appartements
    - **Coût moyen par projet :** €6 412 500

Description du projet

GiveBack to Algeria : Construire un avenir meilleur

Ces dernières années, l'Algérie a été confrontée à d'importants défis pour fournir des logements abordables à sa population croissante. La demande croissante d'espaces de vie de qualité, associée aux pressions économiques, a rendu de plus en plus difficile pour de nombreuses familles algériennes et les travailleurs communautaires clés de trouver des logements appropriés. Reconnaissant ce besoin critique, l'initiative GiveBack to Algeria a lancé un projet de transformation visant à construire des immeubles d'appartements pour remédier à cette pénurie de logements et soutenir le développement de programmes communautaires.

Répondre au besoin de logements abordables

Le logement abordable reste un enjeu urgent en Algérie, en particulier pour ceux qui jouent un rôle essentiel dans nos communautés. Les enseignants, le personnel de santé et d'autres travailleurs essentiels ont souvent du mal à trouver un logement adéquat en raison des longues listes d'attente pour les programmes gouvernementaux et des coûts excessifs associés aux locations privées. L'initiative GiveBack to Algeria vise à alléger ce fardeau en construisant des immeubles d'appartements modernes et abordables spécialement conçus pour loger ces membres clés de notre société.

Ces nouveaux complexes d'appartements offriront non seulement des conditions de vie confortables, mais seront également stratégiquement situés pour assurer un accès facile aux lieux de travail, aux écoles et aux établissements de santé. En offrant des options de location abordables, l'initiative vise à améliorer la qualité de vie des enseignants, des professionnels de la santé et des autres membres de la communauté, leur permettant de se concentrer sur leurs rôles importants sans le stress supplémentaire de l'insécurité du logement.

Revitaliser l'Algérie : préserver le patrimoine par la restauration et la préservation

Les villes algériennes regorgent d'importance historique, avec des vieux quartiers qui racontent des histoires d'un passé riche et dynamique. Cependant, ces quartiers précieux sont confrontés à un défi urgent : les parcelles de terrain où de nombreuses familles algériennes résident depuis des générations sont devenues trop petites pour accueillir le nombre croissant d'enfants et de petits-enfants. Cette contrainte spatiale pousse les familles à vendre leurs maisons ancestrales et à déménager, ce qui entraîne la fragmentation de ces communautés bien-aimées. L'initiative GiveBack to Algeria cherche à résoudre ce problème en fournissant une solution durable et esthétique.

Préserver le patrimoine culturel

L'initiative GiveBack to Algeria est dédiée à l'achat, à la restauration et à la préservation de bâtiments et de quartiers anciens dans diverses villes du pays. Cette initiative vise non seulement à créer des logements supplémentaires, mais aussi à sauvegarder le riche patrimoine culturel de l'Algérie et à rajeunir ses paysages urbains historiques. En acquérant ces parcelles et en les reconstruisant, le projet prévoit des rangées de bâtiments élégants bordant des rues pittoresques, tous conformes à une conception architecturale cohérente. Cette approche assure la préservation de l'essence historique et du charme de ces vieux quartiers tout en répondant aux besoins modernes des familles qui s'agrandissent.

Revitaliser les paysages urbains

La restauration de bâtiments et de quartiers historiques a un double objectif. Tout d'abord, il préserve le patrimoine architectural et culturel pour les générations futures, en veillant à ce que le caractère unique et l'histoire des villes algériennes ne soient pas perdus. Deuxièmement, il permet de créer de nouveaux logements abordables et des espaces communautaires au sein de ces structures restaurées, en mélangeant l'ancien et le nouveau de manière à honorer le passé tout en construisant pour l'avenir.

Ce processus implique une planification minutieuse et une collaboration avec les autorités locales, les experts en patrimoine et les membres de la communauté pour s'assurer que la restauration respecte l'importance historique de ces quartiers tout en tenant compte des niveaux de vie modernes. La vision de ces nouveaux développements comprend la création d'espaces non seulement visuellement époustouflants, mais aussi confortables et fonctionnels. En maintenant un style architectural cohérent, l'initiative vise à garantir que les vieux quartiers conservent leur beauté et leur élégance historiques. Cette uniformité rehaussera l'attrait esthétique général des quartiers, les rendant plus attrayants pour les résidents et les visiteurs.

Créer des collectivités durables

La durabilité est la pierre angulaire des efforts de restauration de l'initiative GiveBack to Algeria. Le projet privilégie l'utilisation de matériaux écologiques et de technologies économes en énergie dans le processus de restauration, garantissant que les bâtiments sont non seulement préservés mais aussi adaptés aux normes environnementales contemporaines. Cette approche permet de réduire l'empreinte carbone des activités de restauration et de garantir la durabilité des bâtiments à long terme.

De plus, l'initiative favorise l'inclusion d'espaces verts, de jardins communautaires et de zones piétonnières dans les quartiers restaurés. Ces éléments contribuent au bien-être général des résidents, en offrant des espaces de loisirs, de socialisation et de connexion avec la nature.

Favoriser la communauté et la continuité

Comprenant l'importance de la communauté, l'initiative GiveBack to Algeria vise à maintenir le tissu social et le patrimoine culturel des vieux quartiers en empêchant la vente de ces parcelles à différents individus. Cette approche préserve l'identité unique de ces quartiers et favorise un sentiment d'appartenance et de continuité entre les résidents. L'engagement communautaire est au cœur des efforts de restauration et de préservation. L'initiative implique activement les résidents dans les étapes de planification et de mise en œuvre, en veillant à ce que leurs voix soient entendues et que leurs besoins soient satisfaits. Les ateliers, les réunions et les projets collaboratifs contribuent à créer un sentiment d'appartenance et de fierté parmi les membres de la communauté, favorisant ainsi un engagement collectif à préserver leur patrimoine.

En impliquant les résidents dans le processus de restauration, l'initiative améliore non seulement la valeur culturelle et historique des bâtiments, mais renforce également les liens communautaires. Cette approche collaborative garantit que les quartiers restaurés restent des lieux vivants et dynamiques où les gens veulent vivre, travailler et se divertir.

L'engagement de l'initiative GiveBack to Algeria en faveur de l'achat, de la restauration et de la préservation de bâtiments et de quartiers anciens souligne la valeur accordée au patrimoine culturel algérien et au bien-être de ses communautés. En répondant au besoin urgent de logements abordables et en offrant des espaces essentiels pour les activités éducatives et parascolaires, ce projet ouvre la voie à un avenir plus brillant et plus inclusif. Grâce à ces efforts, l'initiative crée plus que de simples logements ; il s'agit de préserver l'histoire, de revitaliser les paysages urbains et de bâtir des communautés durables et engagées. Alors que ces projets continuent de se déployer dans diverses villes d'Algérie, ils promettent de laisser un héritage de résilience, de beauté et de fierté culturelle.

Créer des espaces pour les clubs parascolaires

Au-delà de répondre aux besoins en matière de logement, l'initiative GiveBack to Algeria reconnaît l'importance de favoriser les opportunités éducatives et parascolaires pour les jeunes. À cette fin, les nouveaux immeubles d'appartements comprendront également des locaux dédiés aux clubs après l'école. Ces clubs offriront un environnement sûr et favorable aux élèves pour s'engager dans diverses activités, du soutien scolaire aux programmes sportifs, artistiques et technologiques.

Les clubs parascolaires jouent un rôle crucial dans le développement holistique des enfants et des adolescents. Ils offrent un espace aux élèves pour apprendre, grandir et développer de nouvelles compétences en dehors du cadre traditionnel de la salle de classe. En intégrant ces installations dans les complexes d'appartements, l'initiative garantit que les enfants de tous les milieux ont accès à des programmes parascolaires de qualité, favorisant l'équité éducative et la cohésion communautaire.

Soutenir le développement communautaire

L'initiative GiveBack to Algeria est plus qu'un simple projet de logement ; Il s'agit d'une approche globale du développement communautaire. En fournissant des logements abordables aux travailleurs essentiels et en créant des espaces pour les clubs parascolaires, le projet vise à renforcer et à rendre plus résilientes les communautés. Ces efforts contribueront à créer un cycle positif de croissance et de développement, où les résidents seront en mesure de contribuer au bien-être de leur communauté.

De plus, la présence de clubs parascolaires dans les complexes d'appartements encouragera un sentiment de communauté parmi les résidents, favorisant les interactions et les relations qui renforcent les liens sociaux. Cette approche intégrée garantit que les avantages de l'initiative s'étendent au-delà des résidents individuels à la communauté dans son ensemble.

Étude de marché et planification :

Une étude de marché approfondie sera menée pour identifier les emplacements appropriés pour les immeubles d'appartements, comprendre les besoins en logement des différentes communautés et évaluer la faisabilité de chaque projet. Une planification détaillée garantira que les bâtiments sont conçus pour répondre aux normes modernes de confort et de durabilité. L'engagement communautaire sera un aspect clé du processus de planification, en veillant à ce que les solutions de logement correspondent aux besoins et aux préférences des résidents.

4. **Centres de logistique, d'entreposage et de distribution (10 % du financement du projet)**
    - **Dotation totale :** €320 625 000
    - **Nombre estimé de projets :** trente centres
    - **Coût moyen par projet :** €10 687 500

Description du projet

Donner à l'Algérie : rationaliser la logistique, le stockage et la distribution

Une logistique, un stockage et une distribution efficaces sont l'épine dorsale de toute économie florissante. Consciente de cela, l'initiative « GiveBack to Algeria » a lancé un projet complet visant à établir des centres de logistique, de stockage et de distribution à la pointe de la technologie dans toute l'Algérie. Cette initiative vise à améliorer l'efficacité et la fiabilité des chaînes d'approvisionnement, à réduire les coûts et à soutenir les entreprises locales, à stimuler la croissance économique et à améliorer la qualité de vie des Algériens.

L'importance d'une logistique efficace

Des systèmes logistiques efficaces sont essentiels pour garantir que les marchandises circulent sans heurts des producteurs aux consommateurs. Ils réduisent le temps et les coûts associés au transport, minimisent les déchets et garantissent que les produits sont disponibles quand et où ils sont nécessaires. Pour l'Algérie, l'amélioration des infrastructures logistiques est particulièrement importante compte tenu de la taille et de la diversité géographique du pays, qui présentent des défis uniques pour le transport et la distribution.

Installations de stockage modernes

Des installations de stockage modernes sont essentielles pour maintenir la qualité et la longévité des marchandises, en particulier des denrées périssables. Les nouveaux centres seront équipés de technologies avancées de réfrigération et de conservation pour garantir que les produits alimentaires, les produits pharmaceutiques et autres articles sensibles sont stockés dans des conditions optimales. Ces installations comprendront également des mesures de sécurité robustes pour protéger les marchandises stockées contre le vol et les dommages.

Établir des réseaux de distribution efficaces

La mise en place de réseaux de distribution efficaces contribuera à réduire la dépendance à l'égard de nombreux intermédiaires, qui prennent traditionnellement une part à chaque étape de la chaîne d'approvisionnement. En centralisant la distribution, l'initiative peut réduire les coûts, réduire les retards et améliorer la fiabilité des livraisons. Cette approche profitera à la fois aux producteurs et aux consommateurs, en veillant à ce que les produits arrivent à destination rapidement et en bon état.

Soutenir les entreprises locales

Les centres de logistique, d'entreposage et de distribution fourniront un soutien essentiel aux entreprises locales, en particulier aux petites et moyennes entreprises (PME) qui peuvent manquer de ressources pour gérer efficacement leur logistique. En offrant des services logistiques abordables et fiables, l'initiative aidera ces entreprises à étendre leur portée, à réduire leurs coûts opérationnels et à accroître leur compétitivité sur le marché.

Pratiques durables

La durabilité est un élément clé de l'initiative GiveBack to Algeria. Les centres logistiques mettront en œuvre des pratiques respectueuses de l'environnement, telles que l'utilisation de technologies économes en énergie, la réduction des déchets et l'optimisation des itinéraires de transport afin de minimiser la consommation de carburant. Ces efforts contribueront à une économie plus verte et à l'atténuation de l'impact environnemental des opérations logistiques.

Créer des possibilités d'emploi

Le développement et l'exploitation de centres de logistique, de stockage et de distribution créeront de nombreuses opportunités d'emploi pour les Algériens. Ces emplois iront de la construction et de la gestion des installations à la coordination logistique et aux fonctions administratives. En offrant des opportunités d'emploi, l'initiative contribuera au développement économique et à l'amélioration du niveau de vie de nombreux Algériens.

L'accent mis par l'initiative GiveBack to Algeria sur la logistique, le stockage et la distribution est un élément essentiel de sa stratégie plus large visant à améliorer les infrastructures du pays et à stimuler la croissance économique. En établissant des centres logistiques modernes et efficaces, l'initiative soutiendra les entreprises locales, réduira les coûts et améliorera la disponibilité et la qualité des marchandises dans toute l'Algérie. Ce projet représente une étape importante vers la construction d'une économie plus connectée, efficace et durable.

Étude de marché et planification :

Une étude de marché complète sera menée pour identifier les emplacements optimaux pour les centres logistiques, comprendre les besoins des entreprises locales et analyser les inefficacités de la chaîne d'approvisionnement existante. Des études de faisabilité détaillées permettront d'évaluer la demande potentielle et la rentabilité de chaque centre. Des partenariats avec des entreprises de logistique locales et internationales seront établis pour tirer parti des meilleures pratiques et technologies. La planification stratégique permettra de s'assurer que les centres sont conçus et exploités de manière à répondre aux normes les plus élevées en matière d'efficacité et de durabilité.

5. **Bibliothèque dans chaque quartier (12,5 % du financement du projet)**
    - **Dotation totale :** €413 437 500
    - **Nombre estimé de projets :** 270 bibliothèques
    - **Coût moyen par projet :** €1 531 250

Description du projet

La nécessité et l'importance d'une chaîne de bibliothèques dans chaque quartier : dans le cadre de l'initiative GiveBack to Algeria

Les bibliothèques ont longtemps été des bastions de la connaissance, de l'apprentissage et de l'engagement communautaire. L'initiative GiveBack to Algeria vise à renforcer ces institutions vitales en établissant une chaîne de bibliothèques dans chaque quartier, favorisant ainsi une culture de la lecture et de l'apprentissage tout au long de la vie dans tout le pays. Cet effort ne consiste pas seulement à construire des structures physiques ; il s'agit de créer des espaces qui servent de cœur à la communauté locale, offrant d'innombrables avantages aux individus et à la société dans son ensemble.

Les bibliothèques en tant qu'espaces communautaires

Les bibliothèques sont plus que de simples dépôts de livres ; ce sont des espaces dynamiques où les communautés se rassemblent. Ils offrent un environnement sûr et accueillant où les personnes de tous âges peuvent se rassembler, interagir et participer à diverses activités éducatives et culturelles. En offrant un accès gratuit aux livres, aux ressources numériques et à une gamme de programmes, les bibliothèques contribuent à combler le fossé entre les différents groupes socio-économiques, en promouvant l'égalité et l'inclusion.

Dans les quartiers où les ressources peuvent être limitées, une bibliothèque locale devient un centre crucial pour l'apprentissage et le développement personnel. Il sert de lieu à des ateliers, des programmes d'alphabétisation et des événements culturels, favorisant un sentiment d'appartenance et de fierté communautaire. Pour les enfants, les bibliothèques offrent un espace pour les activités parascolaires et les programmes de lecture d'été, qui les maintiennent engagés tout au long de l'année et leur permettent d'apprendre. Pour les adultes, ils offrent des possibilités d'apprentissage tout au long de la vie, de développement des compétences et d'interaction sociale.

Les avantages de la lecture

La lecture est une compétence fondamentale qui ouvre les portes à une multitude de connaissances et d'opportunités. Les avantages de la lecture vont bien au-delà de la réussite scolaire. Il favorise le développement cognitif, renforce la concentration et favorise l'empathie en permettant aux lecteurs de découvrir différentes perspectives et cultures. Les habitudes de lecture régulières sont liées à l'amélioration des compétences linguistiques, à une meilleure pensée critique et à une compréhension plus profonde du monde.

Dans un monde de plus en plus dominé par les médias numériques, la lecture de livres peut offrir un répit bien nécessaire face aux écrans, contribuant à réduire le stress et à améliorer la santé mentale. Pour les enfants, l'exposition précoce à la lecture est cruciale pour développer des compétences en littératie qui serviront de base à leur éducation future et à leur réussite professionnelle. Pour les adultes, la lecture peut être une forme d'éducation continue, qui maintient leur esprit vif et engagé.

L'impact de l'initiative GiveBack to Algeria

L'initiative GiveBack to Algeria, axée sur la création d'une chaîne de bibliothèques dans chaque quartier, est une étape visionnaire vers l'autonomisation des communautés et le développement d'une culture de la lecture. En veillant à ce que chacun ait accès à une bibliothèque bien approvisionnée, l'initiative s'attaque aux disparités éducatives et favorise la croissance intellectuelle au sein de tous les groupes d'âge.

Chaque bibliothèque créée dans le cadre de cette initiative servira de phare de connaissances et témoignera de la puissance du développement communautaire. Ces bibliothèques donneront non seulement accès à des livres et à du matériel éducatif, mais créeront également des occasions pour les individus de se réunir, de partager des idées et de se soutenir mutuellement. Ce seront des espaces où les jeunes esprits seront inspirés, où l'apprentissage tout au long de la vie sera encouragé et où le riche patrimoine culturel de l'Algérie sera célébré et préservé.

En conclusion, la mise en place d'une chaîne de bibliothèques dans chaque quartier, dans le cadre de l'initiative GiveBack to Algeria, constitue un investissement crucial pour l'avenir de la nation. Il reconnaît le rôle inestimable que jouent les bibliothèques dans l'amélioration de l'éducation, la promotion de la communauté et la promotion du plaisir de lire. En soutenant cette initiative, nous franchissons une étape importante vers la construction d'une société plus informée, connectée et autonome.

Étude de marché et planification :

Une étude de marché approfondie sera menée pour identifier les quartiers présentant le plus fort besoin de bibliothèques, comprendre les besoins spécifiques des différentes communautés et évaluer la faisabilité de chaque projet. Des partenariats stratégiques avec des établissements d'enseignement et des organisations culturelles seront établis afin d'élargir l'éventail des programmes et des services offerts. Une planification détaillée garantira que chaque bibliothèque est conçue pour répondre aux normes modernes en matière d'accessibilité, de technologie et de durabilité. L'engagement communautaire sera un aspect clé du processus de planification, garantissant que les bibliothèques répondent aux besoins et aux préférences des résidents.

6. **Piscine dans chaque quartier (12,5 % du financement du projet)**
    - **Dotation totale :** €413 437 500
    - **Nombre estimé de projets :** 270 piscines
    - **Coût moyen par projet :** €1 531 250

Description du projet

Redonner à l'Algérie : Bâtir un héritage d'excellence en natation

Dans un geste remarquable en faveur de l'enrichissement de la communauté et de l'excellence sportive, l'initiative « GiveBack to Algeria » a lancé une chaîne de piscines dans les quartiers de tout le pays. Ce projet ambitieux vise non seulement à fournir des installations récréatives mais aussi à cultiver une culture de la natation, en tirant parti de la position avantageuse de l'Algérie le long de la côte méditerranéenne pour encourager les futurs champions et olympiens.

Les bienfaits de la natation

La natation est réputée pour ses innombrables bienfaits pour la santé. Il s'agit d'un entraînement complet du corps qui améliore la santé cardiovasculaire, renforce la force musculaire et accroît la flexibilité. De plus, la natation est un exercice à faible impact, ce qui la rend accessible aux personnes de tous âges et de toutes conditions physiques. Des séances de natation régulières peuvent améliorer la santé mentale en réduisant le stress et l'anxiété, tout en favorisant l'interaction sociale et les liens communautaires.

Exploiter l'avantage côtier de l'Algérie

L'Algérie possède un vaste littoral méditerranéen qui s'étend sur plus de 1 600 kilomètres. Cet avantage côtier présente une occasion unique de développer une forte culture de la natation. L'initiative GiveBack to Algeria est conçue pour exploiter ce potentiel, en encourageant les communautés à adopter la natation comme activité à la fois récréative et compétitive. La disponibilité de piscines dans les quartiers permet aux résidents de s'adonner plus facilement à la baignade régulière, favorisant ainsi un lien plus profond avec les sports nautiques.

Former les futurs champions

En fournissant des installations de natation accessibles et de qualité, l'initiative vise à identifier et à encourager les jeunes talents qui pourraient représenter l'Algérie dans les compétitions internationales. Les piscines sont équipées d'équipements modernes et dotées d'entraîneurs formés qui peuvent dispenser une formation professionnelle aux nageurs en herbe. Une exposition précoce à l'entraînement professionnel de natation peut améliorer considérablement les compétences et la confiance des jeunes nageurs, les mettant sur la voie de devenir de futurs champions.

Soutenir la concurrence internationale

Avec la mise en place de ces installations de natation, l'Algérie est sur le point d'avoir un impact significatif sur la scène internationale de la natation. L'initiative vise à créer un pipeline d'athlètes bien entraînés qui peuvent participer à des événements tels que les Jeux olympiques, les championnats du monde et d'autres rencontres internationales. En investissant dans le développement des jeunes nageurs, l'Algérie renforce non seulement son potentiel de réussite sportive, mais promeut également la fierté et l'unité nationales à travers le sport.

Une approche centrée sur la communauté

L'initiative GiveBack to Algeria met particulièrement l'accent sur l'implication communautaire. Les piscines servent de centres communautaires où les gens peuvent se réunir, acquérir de nouvelles compétences et se soutenir mutuellement dans leur croissance. Des programmes spéciaux pour les enfants, les femmes et les personnes âgées garantissent que tout le monde a la possibilité de profiter de la natation. De plus, les événements communautaires et les compétitions de natation favorisent un esprit de compétition et de camaraderie saines.

L'initiative GiveBack to Algeria est plus qu'une simple chaîne de piscines ; Il s'agit d'un projet visionnaire qui vise à transformer des vies et à élever le statut du pays dans le monde de la natation. En tirant parti de l'avantage côtier de l'Algérie et en se concentrant sur les avantages holistiques de la natation, l'initiative devrait avoir un impact durable sur la santé, le bien-être et la réussite sportive des communautés algériennes. Alors que la prochaine génération de nageurs plonge dans ces nouveaux bassins, le rêve de voir des athlètes algériens sur les podiums internationaux devient de plus en plus réalisable.

Étude de marché et planification :

Une étude de marché approfondie sera menée pour identifier les emplacements optimaux pour les piscines, comprendre les besoins et les préférences des différentes communautés et évaluer la faisabilité de chaque projet. Une planification détaillée garantira que les piscines répondent aux normes modernes de sécurité, d'accessibilité et de durabilité. Des partenariats avec des écoles et des organisations sportives locales seront établis pour améliorer la gamme de programmes et de formations proposés. L'engagement communautaire sera un aspect clé du processus de planification, garantissant que les piscines répondent aux besoins et aux préférences des résidents.

7. **Musée, théâtre et galerie d'art dans chaque ville (10 % du financement du projet)**
    - **Dotation totale :** €320 625 000
    - **Nombre estimé de projets :** cinquante-quatre complexes (un dans chaque grande ville)
    - **Coût moyen par projet :** €5 937 500

Description du projet

L'initiative GiveBack to Algeria : revitaliser le théâtre dans toutes les villes

L'initiative « GiveBack to Algeria » est un projet novateur qui vise à rajeunir le paysage culturel de l'Algérie grâce à la création d'une chaîne de théâtres dans différentes villes. Cette initiative ne concerne pas seulement la construction de bâtiments ; il s'agit de favoriser une renaissance culturelle qui rende hommage au riche patrimoine théâtral algérien tout en offrant une plate-forme d'expression contemporaine.

Pourquoi le théâtre ?

Le théâtre a toujours été un miroir de la société, reflétant ses valeurs, ses luttes et ses triomphes. En Algérie, le théâtre occupe une place particulière dans le cœur des gens, servant de canal pour la narration, l'expression culturelle et le commentaire social. En se concentrant sur le théâtre, l'initiative GiveBack to Algeria puise dans cette pratique culturelle profondément ancrée, visant à la faire revivre et à la célébrer. Le théâtre n'est pas seulement une forme d'art, mais une expérience communautaire qui rassemble les gens, favorise le dialogue et la compréhension.

L'importance du théâtre

Le théâtre est vital pour plusieurs raisons :

4. **Préservation culturelle :** Le théâtre aide à préserver les riches récits et traditions culturelles de l'Algérie, en les transmettant aux générations futures.
5. **Éducation :** Il sert d'outil éducatif, enseignant l'histoire, les questions sociales et les leçons morales de manière engageante.
6. **Développement communautaire :** Le théâtre crée un sentiment de communauté, rassemblant les gens pour partager l'expérience collective de la narration.
7. **Retombées économiques :** Les théâtres génèrent de l'activité économique, créent des emplois et stimulent les économies locales grâce au tourisme et aux activités connexes.
8. **Expression artistique :** Pour les artistes, le théâtre offre une plate-forme pour exprimer la créativité, remettre en question les normes et inspirer le changement.

Patrimoine théâtral algérien

L'Algérie a une histoire riche en théâtre, avec des institutions et des figures emblématiques qui ont façonné sa trajectoire. Le Théâtre National Algérien (TNA), nommé en l'honneur de Mahieddine Bachtarzi, témoigne de la tradition théâtrale dynamique du pays. Bachtarzi, une sommité du théâtre algérien, a consacré sa vie aux arts de la scène, et son héritage continue d'inspirer.

Parmi les autres figures notables, citons Kateb Yacine, dont la pièce « Les Ancêtres redoublent de férocité » est une œuvre fondatrice, et Abdelkader Alloula, connu pour sa pièce « Le Médecin malgré lui », qui adapte l'œuvre de Molière au contexte algérien. Ces pièces et ces artistes ont non seulement diverti, mais aussi provoqué la réflexion et encouragé le discours sur des questions sociales importantes.

Espaces polyvalents

Les nouveaux théâtres de l'initiative GiveBack to Algeria sont conçus comme des espaces polyvalents, suffisamment polyvalents pour accueillir une variété d'événements :

- **Spectacles :** L'utilisation principale sera pour les représentations théâtrales, présentant des œuvres traditionnelles et contemporaines.
- **Ateliers :** Ces espaces accueilleront des ateliers et des sessions de formation pour les acteurs, metteurs en scène et dramaturges en herbe, formant ainsi la prochaine génération de talents.
- **Événements communautaires :** Les théâtres serviront de lieux d'événements communautaires, allant des pièces de théâtre scolaires aux forums publics, en veillant à ce qu'ils fassent partie intégrante de la communauté.

- **Expositions** : Des expositions d'art et culturelles peuvent être organisées dans ces espaces, offrant également un cadre aux artistes visuels.
- **Projections de films** : Les théâtres peuvent également être utilisés pour des projections de films, ce qui élargit leur impact culturel.

Avantages pour la communauté et les artistes

L'initiative GiveBack to Algeria apporte de nombreux avantages à la fois à la communauté et aux artistes :

14. **Enrichissement culturel** : Les communautés ont accès à des expériences culturelles de haute qualité, ce qui enrichit leur vie et élargit leurs horizons.
15. **Croissance économique** : Les théâtres attirent les visiteurs, stimulent les entreprises locales et créent des emplois.
16. **Développement des compétences** : Les artistes et les membres de la communauté peuvent acquérir de nouvelles compétences grâce à des ateliers et des programmes de formation.
17. **Cohésion sociale** : La nature communautaire du théâtre favorise la cohésion sociale en rassemblant les gens pour partager des expériences et engager le dialogue.
18. **Plateforme artistique** : Les artistes bénéficient d'une plateforme pour présenter leur travail, atteindre un public plus large et gagner leur vie grâce à leur art.

L'initiative GiveBack to Algeria est plus qu'une simple série de nouveaux théâtres ; c'est la renaissance d'une pratique culturelle précieuse qui revêt une immense importance dans la société algérienne. En créant des espaces qui honorent le passé et embrassent l'avenir, cette initiative promet d'enrichir les vies, de favoriser l'esprit communautaire et de revigorer le paysage artistique algérien. Par le biais du théâtre, l'initiative cherche à tisser une tapisserie culturelle plus riche et plus vivante pour les générations à venir.

Étude de marché et planification :

Une étude de marché approfondie sera menée pour identifier les villes et les lieux culturels les plus demandés, comprendre les préférences des communautés locales et analyser la concurrence. Des études de faisabilité détaillées évalueront la demande potentielle et la rentabilité de chaque théâtre. Des partenariats avec des organisations culturelles locales et internationales seront établis afin d'enrichir l'éventail des programmes et des spectacles proposés. Des plans d'affaires détaillés décriront les stratégies opérationnelles, les initiatives de marketing et les projections financières afin d'assurer une croissance durable et l'engagement communautaire.

8. **Autobus électrique pour le transport entre les quartiers d'une même ville (10 % du financement du projet)**
   - **Dotation totale :** €320 625 000
   - **Nombre estimé de projets :** vingt-sept réseaux d'autobus
   - **Coût moyen par projet :** €11 907 407

Description du projet

Donner un retour à l'Algérie : moderniser les transports urbains avec des bus électriques

L'initiative « GiveBack to Algeria » s'engage à améliorer la mobilité urbaine et à réduire l'impact environnemental grâce à l'introduction de bus électriques pour le transport entre les quartiers d'une même ville. Ce projet vise à fournir un système de transport public durable, efficace et accessible qui réduit la dépendance aux véhicules privés et atténue la congestion urbaine.

Avantages environnementaux

Les bus électriques ne produisent aucune émission, ce qui réduit considérablement les niveaux de polluants atmosphériques tels que le dioxyde de carbone, les oxydes d'azote et les particules. Cette transition vers le transport électrique améliorera la qualité de l'air, contribuera à un environnement urbain plus sain et réduira l'empreinte carbone des villes algériennes.

Efficacité et fiabilité

Les bus électriques sont connus pour leur efficacité et leur fiabilité. Ils offrent des trajets doux et silencieux, avec moins de problèmes mécaniques par rapport aux bus diesel traditionnels. La mise en œuvre de technologies avancées de planification et d'ordonnancement des itinéraires garantira que les bus fonctionnent efficacement, réduisant les temps d'attente et améliorant l'expérience globale des transports publics.

Avantages économiques

Bien que l'investissement initial dans les bus électriques et les infrastructures de recharge soit substantiel, les coûts d'exploitation à long terme sont moindres. Les bus électriques ont moins de pièces mobiles, ce qui réduit les coûts de maintenance. De plus, le coût de l'électricité comme source de carburant est inférieur et plus stable que celui du diesel, ce qui permet de réaliser des économies au fil du temps.

Améliorer l'accessibilité

Les réseaux de bus électriques seront conçus pour améliorer l'accessibilité, avec des itinéraires reliant les quartiers clés, les quartiers d'affaires, les établissements d'enseignement et les établissements de santé. Cela offrira aux résidents des options de transport pratiques et abordables, réduisant ainsi le besoin d'utiliser la voiture privée et favorisant un système de transport public plus inclusif.

Soutenir la fabrication locale

Le projet explorera les possibilités de collaboration avec les fabricants locaux pour la production et l'entretien d'autobus électriques. Cela stimulera l'économie locale, créera des emplois et favorisera le développement d'une industrie nationale des véhicules électriques.

Engagement communautaire

L'engagement communautaire sera un aspect clé du projet. Les résidents seront impliqués dans le processus de planification pour s'assurer que les itinéraires et les horaires d'autobus répondent à leurs besoins. Des campagnes d'éducation seront menées pour sensibiliser aux avantages du transport électrique et encourager l'utilisation des transports publics.

L'introduction de bus électriques dans le cadre de l'initiative GiveBack to Algeria représente une étape importante vers une mobilité urbaine durable. En offrant des options de transport public efficaces, fiables et respectueuses de l'environnement, le projet vise à réduire la congestion urbaine, à améliorer la qualité de l'air et à améliorer la qualité de vie des résidents algériens. Cette initiative s'aligne sur les tendances mondiales en faveur de transports plus écologiques et positionne l'Algérie comme un leader du développement urbain durable.

Étude de marché et planification :

Une étude de marché approfondie sera menée pour identifier les villes et les itinéraires ayant la plus forte demande de transports publics, comprendre les habitudes de déplacement des résidents et évaluer la faisabilité des réseaux de bus électriques. Une planification détaillée garantira que les réseaux d'autobus répondent aux normes modernes de sécurité, d'accessibilité et de durabilité. Des partenariats avec des experts locaux et internationaux du transport seront établis pour tirer parti des meilleures pratiques et technologies. L'engagement communautaire sera un aspect clé du processus de planification, garantissant que les réseaux de bus électriques répondent aux besoins et aux préférences des résidents.

9. **Parking dans chaque ville (10 % du financement du projet)**
    - **Dotation totale :** €320 625 000
    - **Nombre estimé de projets :** cinquante-quatre parkings (un dans chaque grande ville)
    - **Coût moyen par projet :** €5 937 500

Description du projet

L'initiative GiveBack to Algeria : transformer la mobilité urbaine grâce aux parkings

L'initiative « GiveBack to Algeria » a introduit un concept transformateur dans la mobilité urbaine en établissant une chaîne de parkings dans différentes parties de la ville. Ce projet ambitieux vise à réduire la dépendance à l'égard de la voiture dans les centres-villes, reconquérissant ainsi des espaces urbains pour les piétons et favorisant un environnement plus propre et plus sain.

Les villes modernes sont de plus en plus aux prises avec les embouteillages et la pollution, des problèmes qui non seulement ont un impact sur la qualité de vie, mais présentent également des risques importants pour la santé. La dépendance excessive à l'égard des voitures exacerbe ces problèmes, les rues étant encombrées par la circulation et la qualité de l'air se détériorant en raison des émissions des véhicules. En réponse, l'initiative « GiveBack to Algeria » a stratégiquement positionné les parkings à la périphérie des centres-villes, encourageant les résidents et les visiteurs à garer leur véhicule et à explorer la ville à pied ou en transports en commun.

L'un des principaux objectifs de cette initiative est de libérer les trottoirs et les rues pour les piétons. Dans de nombreuses villes, les trottoirs sont souvent obstrués par des voitures garées, ce qui laisse peu d'espace pour que les gens puissent marcher confortablement. En déplaçant les parkings vers des parkings désignés, l'initiative vise à créer des zones spacieuses et sans voiture où les piétons peuvent se déplacer librement et en toute sécurité. Cela améliore non seulement l'attrait esthétique des zones urbaines, mais favorise également une vie de rue plus animée, avec des possibilités de cafés en plein air, de marchés et de rassemblements publics.

La réduction du nombre de voitures dans les centres-villes a également un impact direct sur les niveaux de pollution. Moins de véhicules signifie moins d'émissions de polluants nocifs tels que le dioxyde de carbone, les oxydes d'azote et les particules. Ce changement contribue à un air plus pur et à un environnement plus sain, ce qui profite à la fois aux résidents et à l'écosystème urbain. De plus, moins de circulation conduit à des quartiers plus calmes et plus paisibles, améliorant ainsi la qualité globale de la vie urbaine.

En plus des avantages environnementaux, l'initiative favorise un mode de vie plus actif. Encourager la marche et l'utilisation des transports en commun permet de lutter contre la sédentarité liée à la dépendance à la voiture. Avec plus d'espaces de marche disponibles, les gens sont motivés à intégrer l'activité physique dans leurs routines quotidiennes, ce qui entraîne de meilleurs résultats en matière de santé.

L'initiative « GiveBack to Algeria » est une approche avant-gardiste de l'urbanisme qui répond aux défis multiformes des villes modernes. En réduisant l'utilisation de la voiture, en libérant les trottoirs pour les piétons, en réduisant les niveaux de pollution et en encourageant la marche, il ouvre la voie à des environnements urbains plus vivables, durables et dynamiques. En adoptant ce modèle, les villes algériennes créent un précédent à suivre, démontrant comment une planification réfléchie et axée sur la communauté peut transformer les paysages urbains au mieux.

Étude de marché et planification :

Une étude de marché complète sera menée pour identifier les emplacements optimaux pour les parkings, comprendre les besoins et les préférences de stationnement des résidents et des visiteurs, et évaluer la faisabilité de chaque projet. Une planification détaillée garantira que les parkings respectent les normes modernes de sécurité, d'accessibilité et de durabilité. Des partenariats avec des experts locaux et internationaux en urbanisme seront établis afin de tirer parti des meilleures pratiques et des technologies. L'engagement communautaire sera un aspect clé du processus de planification, en veillant à ce que les parkings répondent aux besoins et aux préférences des résidents.

Projections de revenus et de bénéfices

Revenue Projections

Voici les revenus prévus pour chaque type de projet sur une période de 5,5 ans, commençant à générer des revenus à partir de la fin de l'année 2, conformément aux normes de l'industrie et aux conditions de marché prévues.

- **Chaîne de supermarchés**

    - Chiffre d'affaires annuel par supermarché : €10 000 000
    - Chiffre d'affaires annuel total de 50 supermarchés : €500 000 000
    - Chiffre d'affaires total sur 5,5 ans : €2 750 000 000

- **Chaîne d'hôtels**

    - Chiffre d'affaires annuel par hôtel : €5 000 000
    - Chiffre d'affaires annuel total pour 20 hôtels : €100 000 000
    - Chiffre d'affaires total sur 5,5 ans : €550 000 000

- **Chaîne de magasins pour elle et lui**

    - Chiffre d'affaires annuel par boutique : €1 000 000
    - Chiffre d'affaires annuel total pour une centaine de magasins : €100 000 000
    - Chiffre d'affaires total sur 5,5 ans : €550 000 000

- **Immeubles**

    - Chiffre d'affaires annuel par bâtiment : €1 000 000
    - Chiffre d'affaires annuel total pour cent bâtiments : €100 000 000
    - Chiffre d'affaires total sur 5,5 ans : €550 000 000

- **Centres de logistique, de stockage et de distribution**

- Chiffre d'affaires annuel par centre : €3 000 000
- Chiffre d'affaires annuel total de 30 centres : €90 000 000
- Chiffre d'affaires total sur 5,5 ans : €495 000 000

- **Bibliothèques**

  - Revenus annuels par bibliothèque (via des événements, des adhésions) : €50 000
  - Chiffre d'affaires annuel total de 270 bibliothèques : €13 500 000
  - Chiffre d'affaires total sur 5,5 ans : €74 250 000

- **Piscines**

  - Revenu annuel par pool (par adhésion, événements) : €50 000
  - Chiffre d'affaires annuel total pour 270 piscines : €13 500 000
  - Chiffre d'affaires total sur 5,5 ans : €74 250 000

- **Complexes de musées, de théâtres et de galeries d'art**

  - Chiffre d'affaires annuel par complexe : €500 000
  - Chiffre d'affaires annuel total de 54 complexes : €27 000 000
  - Chiffre d'affaires total sur 5,5 ans : €148 500 000

- **Réseaux de bus électriques**

  - Chiffre d'affaires annuel par réseau : €2 000 000
  - Chiffre d'affaires annuel total pour 27 réseaux : €54 000 000
  - Chiffre d'affaires total sur 5,5 ans : €297 000 000

- **Parkings**

  - Chiffre d'affaires annuel par parking : €500 000

- Chiffre d'affaires annuel total de 54 parkings : €27 000 000
- Chiffre d'affaires total sur 5,5 ans : €148 500 000

Chiffre d'affaires total sur 5,5 ans

- **Chiffre d'affaires total pour l'ensemble des projets : €5 637 500 000**

(Remarque : Ces projections supposent que la génération de revenus commencera à la fin de l'année 2, conformément aux normes de l'industrie et aux attentes du marché.)

Projections de bénéfices

Voici les projections de bénéfices détaillées pour chaque type de projet sur une période de 5,5 ans, sur la base d'une marge bénéficiaire de 20 %.

- **Chaîne de supermarchés**

  - Chiffre d'affaires annuel par supermarché : €10 000 000
  - Chiffre d'affaires annuel total de 50 supermarchés : €500 000 000
  - Chiffre d'affaires total sur 5,5 ans : €2 750 000 000
  - Marge bénéficiaire : 20 %
  - **Bénéfice total sur 5,5 ans : €550 000 000**

- **Chaîne d'hôtels**

  - Chiffre d'affaires annuel par hôtel : €5 000 000
  - Chiffre d'affaires annuel total pour 20 hôtels : €100 000 000
  - Chiffre d'affaires total sur 5,5 ans : €550 000 000
  - Marge bénéficiaire : 20 %
  - **Bénéfice total sur 5,5 ans : €110 000 000**

- **Chaîne de magasins pour elle et lui**

- Chiffre d'affaires annuel par boutique : €1 000 000
- Chiffre d'affaires annuel total pour une centaine de magasins : €100 000 000
- Chiffre d'affaires total sur 5,5 ans : €550 000 000
- Marge bénéficiaire : 20 %
- **Bénéfice total sur 5,5 ans : €110 000 000**

- **Immeubles**

  - Chiffre d'affaires annuel par bâtiment : €1 000 000
  - Chiffre d'affaires annuel total pour cent bâtiments : €100 000 000
  - Chiffre d'affaires total sur 5,5 ans : €550 000 000
  - Marge bénéficiaire : 20 %
  - **Bénéfice total sur 5,5 ans : €110 000 000**

- **Centres de logistique, de stockage et de distribution**

  - Chiffre d'affaires annuel par centre : €3 000 000
  - Chiffre d'affaires annuel total de 30 centres : €90 000 000
  - Chiffre d'affaires total sur 5,5 ans : €495 000 000
  - Marge bénéficiaire : 20 %
  - **Bénéfice total sur 5,5 ans : €99 000 000**

- **Bibliothèques**

  - Revenus annuels par bibliothèque (via des événements, des adhésions) : €50 000
  - Chiffre d'affaires annuel total de 270 bibliothèques : €13 500 000
  - Chiffre d'affaires total sur 5,5 ans : €74 250 000
  - Marge bénéficiaire : 20 %
  - **Bénéfice total sur 5,5 ans : €14 850 000**

- **Piscines**

- Revenu annuel par piscine (par adhésion, événements) : €50 000
- Chiffre d'affaires annuel total pour 270 piscines : €13 500 000
- Chiffre d'affaires total sur 5,5 ans : €74 250 000
- Marge bénéficiaire : 20 %
- **Bénéfice total sur 5,5 ans : €14 850 000**

- **Complexes de musées, de théâtres et de galeries d'art**

  - Chiffre d'affaires annuel par complexe : €500 000
  - Chiffre d'affaires annuel total de 54 complexes : €27 000 000
  - Chiffre d'affaires total sur 5,5 ans : €148 500 000
  - Marge bénéficiaire : 20 %
  - **Bénéfice total sur 5,5 ans : €29 700 000**

- **Réseaux de bus électriques**

  - Chiffre d'affaires annuel par réseau : €2 000 000
  - Chiffre d'affaires annuel total pour 27 réseaux : €54 000 000
  - Chiffre d'affaires total sur 5,5 ans : €297 000 000
  - Marge bénéficiaire : 20 %
  - **Bénéfice total sur 5,5 ans : €59 400 000**

- **Parkings**

  - Chiffre d'affaires annuel par parking : €500 000
  - Chiffre d'affaires annuel total de 54 parkings : €27 000 000
  - Chiffre d'affaires total sur 5,5 ans : €148 500 000
  - Marge bénéficiaire : 20 %
  - **Bénéfice total sur 5,5 ans : €29 700 000**

Bénéfice total sur 5,5 ans

- **Bénéfice total pour l'ensemble des projets : €1 128 300 000**

(Remarque : Ces projections supposent que la génération de revenus commencera à la fin de l'année 2, conformément aux normes de l'industrie et aux attentes du marché.)

Utilisation des revenus et des bénéfices

Les revenus générés par ces projets seront stratégiquement réinvestis dans des projets futurs et dans l'expansion d'initiatives existantes. Cette stratégie de réinvestissement assure la pérennité et la croissance de nos projets, ce qui nous permet d'innover en continu et de répondre aux besoins évoluant de notre communauté.

Tous les bénéfices de l'initiative GiveBack to Algeria sont consacrés au financement de nouvelles entreprises, garantissant ainsi non seulement sa pérennité, mais aussi son élargissement de portée et son amplification de l'impact sur la population algérienne. En canalisant les bénéfices vers des projets nouveaux et existants, nous pouvons répondre à davantage de besoins et soutenir un éventail plus large de bénéficiaires.

L'un des principaux objectifs de notre stratégie de réinvestissement est la création d'emplois. En finançant de nouveaux projets et en élargissant les projets actuels, nous générons un nombre substantiel d'emplois, bénéficiant directement à la main-d'œuvre algérienne. Ces opportunités d'emploi couvrent divers secteurs, notamment l'éducation, les soins de santé, les infrastructures et la technologie, offrant des parcours professionnels variés et contribuant au développement économique global du pays. Notre objectif est de réduire le taux de chômage et de permettre à chaque Algérien d'obtenir un emploi stable et rémunéré.

De manière significative, notre stratégie de réinvestissement est centrée sur le peuple algérien. Les bénéfices sont utilisés pour améliorer le bien-être général de la communauté, ce qui comprend le financement de programmes éducatifs, d'améliorations des soins de santé et de projets d'infrastructure. De plus, nous investissons dans des compétitions culturelles et sportives par le biais de commandites, favorisant la fierté nationale et l'esprit communautaire tout en promouvant des modes de vie sains et l'enrichissement culturel.

Aucun actionnaire ne profite de ces revenus. Au lieu de cela, chaque dinar gagné est réinvesti dans la communauté. Notre objectif est de favoriser un environnement où tous les Algériens puissent s'épanouir, en bénéficiant du succès collectif de nos initiatives. Cela comprend le soutien à des événements culturels qui célèbrent le riche patrimoine de l'Algérie, ainsi que des programmes sportifs qui encouragent l'engagement des jeunes et la pratique physique.

Grâce à ce modèle de réinvestissement complet, nous nous engageons à favoriser le développement durable à long terme en Algérie, en veillant à ce que les bénéfices de nos projets soient ressentis par les générations à venir. En nous concentrant sur les personnes, les nouveaux projets, les parrainages communautaires et la création d'emplois, nous visons à bâtir un avenir solide, inclusif et dynamique pour tous les Algériens.

Considérations clés pour l'initiative « GiveBack to Algeria »

L'initiative « GiveBack to Algeria » est un plan ambitieux et complet visant à transformer divers aspects de la société algérienne au moyen de projets de développement durable. Pour assurer le succès et l'impact à long terme de l'initiative, plusieurs considérations clés doivent être prises en compte. Ces considérations englobent la planification financière, la gestion de projet, l'engagement communautaire, la durabilité, la conformité réglementaire et la gestion des risques, toutes adaptées au contexte unique de l'Algérie.

1. Planification financière et allocation budgétaire

Budgétisation détaillée

Un processus de budgétisation méticuleux est essentiel pour allouer efficacement les ressources entre les différents projets. L'allocation des financements de chaque projet doit être basée sur des estimations de coûts détaillées, y compris les coûts d'installation initiaux, les dépenses opérationnelles et la maintenance. Des examens et des vérifications financiers réguliers devraient être effectués pour s'assurer que les fonds sont utilisés de manière efficace et transparente. Compte tenu de la situation économique de l'Algérie, une attention particulière doit être accordée à la gestion des coûts et à l'allocation des ressources.

Génération de revenus

Bien que l'initiative vise à favoriser le développement, il est essentiel de veiller à ce que les projets génèrent des revenus suffisants pour être autonomes. Des projections détaillées des revenus doivent être réalisées pour chaque projet, en tenant compte de la demande du marché local, des stratégies de tarification et de la concurrence. Les bénéfices générés par ces projets seront réinvestis dans de futures entreprises et des expansions, assurant une croissance et un développement continus qui profitent directement aux Algériens.

Planification d'urgence

Une partie du budget devrait être allouée aux imprévus pour faire face à des dépenses ou à des retards du projet. Cela garantit que les projets peuvent avancer sans perturbations financières importantes, surtout compte tenu de la volatilité potentielle de l'économie locale.

2. Gestion de projet

Planification globale

Chaque projet de l'initiative nécessite un plan de projet détaillé décrivant les objectifs, les échéanciers, les jalons et les livrables. Ce plan devrait également inclure une stratégie d'affectation des ressources, garantissant une répartition appropriée des ressources humaines, financières et matérielles.

Équipes de projet qualifiées

La formation d'équipes de projet compétentes, dotées des compétences et de l'expérience nécessaires, est cruciale pour la réussite de la mise en œuvre de chaque projet. Cela comprend l'embauche de chefs de projet, d'ingénieurs, d'architectes, d'analystes financiers et de spécialistes de l'engagement communautaire expérimentés, idéalement en Algérie, afin de maximiser l'expertise et l'emploi locaux.

Suivi et évaluation

La mise en place de mécanismes solides de suivi et d'évaluation est essentielle pour suivre l'avancement de chaque projet. Des indicateurs clés de performance (KPI) doivent être définis pour mesurer le succès et l'impact des projets. Des rapports d'étape et des évaluations réguliers aideront à déterminer les points à améliorer et à s'assurer que les projets restent sur la bonne voie.

3. Engagement communautaire

Participation des intervenants

La participation des communautés locales et des parties prenantes est essentielle au succès de l'initiative. Cela comprend la participation des dirigeants communautaires, des entreprises locales, des résidents et des représentants du gouvernement aux processus de planification et de mise en œuvre. Leur contribution et leur soutien sont essentiels pour s'assurer que les projets répondent aux besoins et aux attentes des communautés qu'ils desservent.

Communication transparente

Il est essentiel de maintenir une communication transparente et ouverte avec toutes les parties prenantes. Des mises à jour régulières sur l'avancement du projet, les défis et les réalisations doivent être partagées via divers canaux de communication, notamment les réunions communautaires, les bulletins d'information et les médias sociaux. En Algérie, l'utilisation des canaux de communication traditionnels et des plateformes numériques peut aider à atteindre un public plus large.

Sensibilité culturelle

Le respect et l'intégration des valeurs et des pratiques culturelles locales dans les projets sont importants pour l'acceptation et le soutien de la communauté. Cela implique de comprendre le contexte culturel de chaque région et de s'assurer que les projets s'alignent sur les traditions et les préférences locales. Par exemple, la conception de projets reflétant les styles architecturaux et le patrimoine culturel algériens peut renforcer la fierté et l'engagement locaux.

4. Durabilité

Considérations environnementales

Tous les projets doivent être conçus et mis en œuvre en mettant l'accent sur la durabilité. Cela comprend l'utilisation de matériaux écologiques, l'adoption de technologies écoénergétiques et la mise en œuvre de pratiques de réduction des déchets. Des études d'impact environnemental devraient être menées pour s'assurer que les projets ne nuisent pas aux écosystèmes locaux, en particulier dans les zones écologiquement sensibles telles que le désert du Sahara et la côte méditerranéenne.

Durabilité sociale

Il est essentiel de veiller à ce que les projets contribuent au bien-être à long terme des communautés. Il s'agit d'offrir des possibilités de formation et d'emploi aux résidents, de soutenir les entreprises locales et de créer des espaces favorisant la cohésion sociale et le développement communautaire.

Durabilité économique

Les projets doivent être économiquement viables, générer des revenus suffisants pour couvrir leurs coûts opérationnels et contribuer au développement futur. Cela implique des études de marché minutieuses, des stratégies de prix compétitives et une innovation continue pour répondre aux demandes du marché.

5. Conformité réglementaire

Respecter les lois locales

Tous les projets doivent être conformes aux réglementations locales, régionales et nationales. Cela comprend l'obtention des permis et des approbations nécessaires, le respect des codes du bâtiment et des normes de sécurité, ainsi que de toutes les exigences légales.

Normes internationales

Le cas échéant, les projets doivent également s'aligner sur les normes et les meilleures pratiques internationales. Cela améliore la qualité et la crédibilité des projets et garantit qu'ils répondent aux normes mondiales en matière de durabilité, de sécurité et d'efficacité.

6. Gestion des risques

Identification des risques

Une évaluation complète des risques doit être réalisée pour chaque projet afin de déterminer les risques et les défis potentiels. Il peut s'agir de risques financiers, opérationnels, environnementaux et sociaux.

Stratégies d'atténuation

L'élaboration et la mise en œuvre de stratégies efficaces d'atténuation des risques sont essentielles pour en minimiser l'impact. Cela implique de créer des plans d'urgence, de diversifier les sources de financement, d'assurer la conformité aux réglementations et de maintenir une communication ouverte avec les parties prenantes.

Surveillance continue

La gestion des risques est un processus continu qui nécessite une surveillance et des ajustements réguliers. Des évaluations et des examens réguliers des risques devraient être menés pour cerner les nouveaux risques et évaluer l'efficacité des stratégies d'atténuation.

L'initiative « GiveBack to Algeria » est un plan visionnaire visant à transformer le paysage socio-économique algérien. En tenant compte de ces considérations clés, l'initiative peut s'assurer que ses projets sont planifiés, gérés et exécutés efficacement. Cette approche globale maximisera l'impact de l'initiative, favorisera le développement durable et améliorera la qualité de vie des communautés algériennes. Avec une planification minutieuse, un engagement communautaire et un engagement en faveur de la durabilité, l'initiative « GiveBack to Algeria » peut accomplir sa mission d'honorer l'héritage de l'Algérie et de construire un avenir meilleur pour tous.

Structure de découpage du projet (PBS) pour l'initiative « GiveBack to Algeria »

La structure de répartition des projets (PBS) est une représentation hiérarchique des livrables et des composantes de l'initiative « GiveBack to Algeria ». Il décompose l'initiative globale en sections gérables, en veillant à ce que chaque aspect soit planifié et exécuté de manière exhaustive.

Niveau 0: Initiative « GiveBack to Algeria »

1. **Aperçu historique et contexte**
    - Histoire de l'indépendance algérienne
    - Mouvements nationalistes
    - Contexte culturel et social
2. **Planification financière et allocation budgétaire**
    - Budgétisation détaillée
    - Génération de revenus
    - Planification d'urgence
3. **Gestion de projet**
    - Planification globale
    - Équipes de projet qualifiées
    - Suivi et évaluation
4. **Engagement communautaire**
    - Participation des intervenants
    - Communication transparente
    - Sensibilité culturelle
5. **Durabilité**
    - Considérations environnementales
    - Durabilité sociale
    - Durabilité économique
6. **Conformité réglementaire**
    - Respecter les lois locales
    - Normes internationales
7. **Gestion du risque**
    - Identification des risques
    - Stratégies d'atténuation
    - Surveillance continues

Niveau 1 : Grands projets

1. **Chaîne de supermarchés**
   - Études de marché et planification
   - Sélection du site
   - Construction
   - Systèmes de gestion des stocks
   - Opérations et gestion
   - Engagement communautaire
2. **Chaîne d'hôtels**
   - Études de marché et planification
   - Sélection du site
   - Construction
   - Design d'intérieur
   - Opérations et gestion
   - Engagement communautaire
3. **Chaîne de magasins pour elle et lui**
   - Études de marché et planification
   - Sélection du site
   - Construction
   - Approvisionnement en produits
   - Opérations et gestion
   - Engagement communautaire
4. **Immeubles d'habitation à travers l'Algérie**
   - Études de marché et planification
   - Sélection du site
   - Construction
   - Installations communautaires (clubs parascolaires)
   - Opérations et gestion
   - Engagement communautaire
5. **Centres de logistique, de stockage et de distribution**
   - Études de marché et planification
   - Sélection du site
   - Construction
   - Mise en œuvre de la technologie
   - Opérations et gestion
   - Engagement communautaire
6. **Bibliothèque dans chaque quartier**
   - Études de marché et planification

- Sélection du site
- Construction
- Stockage et gestion des ressources
- Opérations et gestion
- Engagement communautaire
7. **Piscine dans chaque quartier**
    - Études de marché et planification
    - Sélection du site
    - Construction
    - Infogérance
    - Opérations et gestion
    - Engagement communautaire
8. **Musée, théâtre et galerie d'art dans chaque ville**
    - Études de marché et planification
    - Sélection du site
    - Construction
    - Planification des expositions et des programmes
    - Opérations et gestion
    - Engagement communautaire
9. **Réseaux de bus électriques pour le transport entre les quartiers d'une même ville**
    - Études de marché et planification
    - Planification d'itinéraire
    - Acquisition d'autobus et infrastructure
    - Opérations et gestion
    - Engagement communautaire
10. **Parking dans chaque ville**
    - Études de marché et planification
    - Sélection du site
    - Construction
    - Mise en œuvre de la technologie (p. ex., systèmes de billetterie)
    - Opérations et gestion
    - Engagement communautaire

Niveau 2 : Sous-projets/composantes de chaque grand projet

1. **Chaîne de supermarchés**
   - **Planification du site et permis**
     - Étude de faisabilité
     - Permis et approbations
   - **Conception et construction**
     - Conception architecturale
     - Gestion de la construction
   - **Configuration de la chaîne d'approvisionnement**
     - Contrats avec les fournisseurs
     - Planification logistique
   - **Intégration technologique**
     - Systèmes de gestion des stocks
     - Systèmes de point de vente
   - **Marketing et lancement**
     - Image de marque et promotion
     - Sensibilisation communautaire
2. **Chaîne d'hôtels**
   - **Planification du site et permis**
     - Étude de faisabilité
     - Permis et approbations
   - **Conception et construction**
     - Conception architecturale
     - Design d'intérieur
     - Gestion de la construction
   - **Développement de services**
     - Formation en hôtellerie
     - Protocoles de service
   - **Intégration technologique**
     - Systèmes de réservation
     - Systèmes de gestion des clients
   - **Marketing et lancement**
     - Image de marque et promotion
     - Sensibilisation communautaire
3. **Chaîne de magasins pour elle et lui**
   - **Planification du site et permis**
     - Étude de faisabilité
     - Permis et approbations

- Conception et construction
  - Conception architecturale
  - Aménagement intérieur
  - Gestion de la construction
- Gestion des stocks
  - Approvisionnement en produits
  - Gestion des stocks
- Intégration technologique
  - Systèmes de point de vente
  - Systèmes de suivi des stocks
- Marketing et lancement
  - Image de marque et promotion
  - Sensibilisation communautaire

4. **Immeubles d'habitation à travers l'Algérie**
   - **Planification du site et permis**
     - Étude de faisabilité
     - Permis et approbations
   - **Conception et construction**
     - Conception architecturale
     - Gestion de la construction
   - **Infogérance**
     - Mise en place de clubs après l'école
     - Planification de la maintenance
   - **Engagement communautaire**
     - Programmes pour les résidents
     - Événements communautaires

5. **Centres de logistique, de stockage et de distribution**
   - **Planification du site et permis**
     - Étude de faisabilité
     - Permis et approbations
   - **Conception et construction**
     - Conception architecturale
     - Gestion de la construction
   - **Intégration technologique**
     - Systèmes d'inventaire
     - Systèmes de gestion logistique
   - **Configuration des opérations**

- Dotation en personnel et formation
- Systèmes de sécurité

6. **Bibliothèque dans chaque quartier**
    - **Planification du site et permis**
        - Étude de faisabilité
        - Permis et approbations
    - **Conception et construction**
        - Conception architecturale
        - Gestion de la construction
    - **Gestion des ressources**
        - Acquisition de livres et de médias numériques
        - Systèmes de catalogage
    - **Développement de programmes**
        - Ateliers communautaires
        - Programmes éducatifs

7. **Piscine dans chaque quartier**
    - **Planification du site et permis**
        - Étude de faisabilité
        - Permis et approbations
    - **Conception et construction**
        - Conception architecturale
        - Gestion de la construction
    - **Infogérance**
        - Planification de la maintenance
        - Formation des sauveteurs et du personnel
    - **Programmes communautaires**
        - Cours de natation
        - Événements récréatifs

8. **Musée, théâtre et galerie d'art dans chaque ville**
    - **Planification du site et permis**
        - Étude de faisabilité
        - Permis et approbations
    - **Conception et construction**
        - Conception architecturale
        - Gestion de la construction
    - **Planification des expositions**

- Acquisition d'artefacts
- Planification des programmes
  - **Engagement communautaire**
    - Événements culturels
    - Ateliers éducatifs
9. **Réseaux de bus électriques pour le transport entre les quartiers d'une même ville**
   - **Planification d'itinéraire et permis**
     - Étude de faisabilité
     - Permis et approbations
   - **Acquisition de flotte**
     - Approvisionnement en autobus
     - Configuration de l'infrastructure (bornes de recharge)
   - **Configuration des opérations**
     - Planification des itinéraires
     - Formation des conducteurs
   - **Sensibilisation communautaire**
     - Campagnes de sensibilisation
     - Programmes d'achalandage
10. **Parking dans chaque ville**
    - **Planification du site et permis**
      - Étude de faisabilité
      - Permis et approbations
    - **Conception et construction**
      - Conception architecturale
      - Gestion de la construction
    - **Intégration technologique**
      - Systèmes de billetterie
      - Systèmes de sécurité
    - **Configuration des opérations**
      - Dotation en personnel et formation
      - Planification de la maintenance

La structure de répartition des projets (PBS) de l'initiative « GiveBack to Algeria » fournit une vue hiérarchique détaillée de toutes les composantes nécessaires à la mise en œuvre réussie de l'initiative. Chaque grand projet et ses sous-projets sont divisés en tâches spécifiques, ce qui garantit une planification approfondie, une allocation efficace des ressources et une gestion efficace. Cette structure servira de guide fondamental pour l'exécution de l'initiative, la réalisation de ses objectifs et la maximisation de son impact sur la société algérienne.

Ressources supplémentaires pour l'initiative GiveBack to Algeria

Pour assurer le succès et la durabilité de l'initiative GiveBack to Algeria, il est crucial d'envisager diverses ressources supplémentaires, notamment les ressources humaines, la technologie, les partenariats, l'engagement communautaire, le financement et des systèmes de suivi et d'évaluation solides.

1. Ressources humaines

Personnel clé :

- **Gestionnaires de projet :** Superviser la planification, l'exécution et l'achèvement des composantes du projet.
- **Analystes financiers :** Gérez la budgétisation, la planification financière et les rapports.
- **Spécialistes du marketing et des communications :** Élaborer et mettre en œuvre des stratégies de marketing et gérer les relations publiques.
- **Coordonnateurs de l'engagement communautaire :** Favoriser les relations avec les communautés locales et les parties prenantes.
- **Personnel opérationnel :** Gérer les opérations quotidiennes pour chaque composante du projet (par exemple, les directeurs de supermarchés, le personnel de l'hôtel, les administrateurs de bibliothèque).

Recrutement et formation :

- **Stratégies de recrutement :** Développez des stratégies solides pour attirer du personnel qualifié.
- **Programmes de formation :** Mettez en œuvre des programmes de formation complets pour vous assurer que le personnel est bien préparé et bien informé sur son rôle.

2. Technologie

Infrastructure :

- **Systèmes informatiques :** Mettez en œuvre des systèmes informatiques robustes pour gérer les opérations, les stocks et les relations avec les clients.
- **Plateformes en ligne :** Développez des sites Web et des applications mobiles pour les composants du projet tels que les supermarchés, les hôtels et les bibliothèques.

Outils et logiciels :

- **Logiciel de gestion de projet :** Utilisez des outils tels que Microsoft Project, Asana ou Trello pour gérer les calendriers et les tâches du projet.
- **Logiciel de gestion financière :** Mettez en œuvre des logiciels comme QuickBooks ou SAP pour le suivi et les rapports financiers.
- **Systèmes de gestion de la relation client (CRM) :** Utilisez des systèmes CRM pour gérer les interactions et les données des clients.

3. Partenariats

Partenariats stratégiques :

- **Partenariats gouvernementaux :** Collaborer avec les gouvernements locaux et nationaux pour le soutien et la conformité réglementaire.
- **Partenariats d'entreprise :** Associez-vous à des entreprises pour des parrainages, du financement et des ressources.
- **Organisations à but non lucratif :** Travaillez avec des organisations à but non lucratif pour tirer parti de leur expertise et de leurs ressources dans des domaines spécifiques (par exemple, l'éducation, les soins de santé).

Initiatives de collaboration :

- **Partenariats public-privé :** S'engager dans des partenariats public-privé pour partager des ressources et de l'expertise.
- **Partenariats universitaires :** Collaborer avec les universités et les établissements de recherche pour l'échange de connaissances et les possibilités de recherche.

4. Engagement communautaire

Mobilisation des intervenants :

- **Réunions communautaires :** Organisez des réunions régulières avec les membres de la communauté pour recueillir des commentaires et les tenir informés de l'avancement du projet.
- **Sondages et rétroaction :** Mener des sondages pour comprendre les besoins et les préférences de la communauté.
- **Programmes de bénévolat :** Encouragez les membres de la communauté à faire du bénévolat et à participer aux activités du projet.

Sensibilisation et sensibilisation :

- **Campagnes de marketing :** Développez des campagnes de marketing pour faire connaître l'initiative et ses avantages.
- **Engagement sur les médias sociaux :** Utilisez les plateformes de médias sociaux pour interagir avec la communauté et partager des mises à jour.
- **Événements et ateliers :** Organiser des événements et des ateliers pour éduquer la communauté sur les différentes composantes du projet et leur impact.

5. Financement et subventions

Sources de financement :

- **Campagnes de financement participatif :** Lancez des campagnes de financement participatif pour collecter des fonds auprès de la communauté mondiale.
- **Subventions :** Demandez des subventions auprès d'agences gouvernementales, de fondations et d'organisations internationales.
- **Commandites d'entreprise :** Recherchez des commandites auprès d'entreprises intéressées par les initiatives de responsabilité sociale des entreprises (RSE).

Planification financière :

- **Allocation budgétaire :** Assurer une allocation appropriée des fonds à chaque composante du projet en fonction de la priorité et des besoins.
- **Surveillance financière :** Mettre en œuvre des systèmes de surveillance financière robustes pour suivre les dépenses et assurer la reddition de comptes.

6. Suivi et évaluation

Indicateurs clés de performance (KPI) :

- **Jalons du projet :** Définissez des jalons clairs pour chaque composant du projet afin de suivre l'avancement.
- **Mesures financières :** Surveillez les performances financières grâce à des mesures telles que les revenus, les marges bénéficiaires et le retour sur investissement (ROI).
- **Évaluation d'impact :** Évaluer l'impact social et économique des projets sur la communauté.

Méthodes d'évaluation :

- **Rapports réguliers :** Préparez des rapports réguliers pour suivre les progrès et les performances financières.
- **Audits par des tiers :** Effectuez des audits par des tiers pour assurer la transparence et la responsabilité.
- **Commentaires de la communauté :** Recueillez les commentaires de la communauté pour évaluer l'efficacité et l'impact des projets.

En tirant parti de ces ressources supplémentaires, l'initiative GiveBack to Algeria peut atteindre ses objectifs et créer un impact positif durable en Algérie. Ce cadre global favorise une mise en œuvre réussie et la durabilité, garantissant que l'initiative profite aux communautés qu'elle vise à servir.

Initiative GiveBack to Algeria : Structure organisationnelle

1. Conseil d'administration

Rôles et responsabilités :

- Établir des stratégies et des politiques globales pour l'initiative GiveBack to Algeria.
- Surveiller les performances globales et s'assurer que les objectifs sont atteints.
- Superviser les opérations financières pour assurer la transparence et la responsabilité.

Membres :

- **Président(e) :** Diriger les réunions et diriger les décisions stratégiques.
- **Vice-président :** Appuie le président et agit en son absence.
- **Membres du conseil d'administration :** Composé de personnalités influentes de la diaspora algérienne, d'experts en développement et de dirigeants locaux en Algérie.

2. Équipe de direction

Rôles et responsabilités :

- Gérer les opérations quotidiennes et mettre en œuvre les stratégies établies par le conseil d'administration.
- Superviser la collecte de fonds et la mise en œuvre des projets.
- Assurer une communication continue avec les donateurs et les partenaires.

Membres :

- **Directeur général (PDG) :** Responsable de la direction générale et de la gestion de l'équipe de direction.
- **Directeur financier (CFO) :** Gère les opérations financières et les rapports financiers.
- **Chef de l'exploitation (COO) :** Supervise la mise en œuvre des projets et les opérations quotidiennes.
- **Directeur du marketing et des communications (CMO) :** Gérer les campagnes de marketing et les communications avec les donateurs et les partenaires.
- **Directeur des ressources humaines (DRH) :** Gère le développement de l'équipe et les ressources humaines.

3. Conseil consultatif

Rôles et responsabilités :

- Fournir des conseils et des orientations au conseil d'administration et à l'équipe de direction.
- Offrir une expertise spécialisée dans des domaines tels que l'éducation, les soins de santé, les infrastructures et l'entrepreneuriat.
- Aider à évaluer l'impact du projet et à assurer la qualité.

Membres :

- **Expert en éducation :** Fournit des conseils sur les projets éducatifs.
- **Expert en soins de santé :** Fournit des conseils sur les projets de soins de santé.
- **Expert en infrastructure :** Fournit des conseils sur les projets d'infrastructure.
- **Expert en entrepreneuriat :** Fournit des conseils sur l'entrepreneuriat et les projets de soutien aux petites entreprises.

4. Équipes de projet

Rôles et responsabilités :

- Mettre en œuvre les projets désignés et assurer l'atteinte des objectifs.
- Communiquer avec les intervenants et les partenaires locaux pour assurer une collaboration efficace.
- Fournir des rapports réguliers sur l'avancement et les défis du projet.

Membres :

- **Chef de projet :** Dirige chaque projet et veille au respect des délais et du budget.

- **Ingénieurs et spécialistes :** Travailler sur les aspects techniques et d'ingénierie des projets.
- **Gestionnaires de site :** Superviser les opérations sur les sites de projet et assurer la qualité et la sécurité.

5. Équipes administratives

Rôles et responsabilités :

- Soutenir les opérations quotidiennes et assurer l'efficacité administrative.
- Gérer les ressources financières et humaines.
- Fournir un soutien technique et administratif aux équipes de projet.

Membres :

- **Personnel des finances :** Gérer les comptes, les budgets et les rapports financiers.
- **Personnel des ressources humaines :** S'occuper du recrutement, de la formation et du développement du personnel.
- **Personnel de soutien technique :** Fournir un soutien informatique et technique pour les systèmes d'information et les communications.

6. Équipes de bénévoles et d'engagement communautaire

Rôles et responsabilités :

- Accroître la participation communautaire et soutenir les projets par des efforts bénévoles.
- Organiser des événements communautaires et participer à des campagnes de sensibilisation.
- Recueillir les commentaires des communautés locales pour s'assurer que les besoins sont satisfaits.

Membres :

- **Coordonnateur des bénévoles :** Gère les équipes de bénévoles et organise les activités bénévoles.
- **Volontaires locaux :** Participer à la mise en œuvre du projet et aux activités communautaires.
- **Coordonnateurs communautaires :** recueillir des commentaires et communiquer avec les communautés locales.

Plan de recrutement

Rejoignez l'initiative GiveBack to Algeria

Êtes-vous enthousiaste à l'idée de faire une différence dans votre pays ? Croyez-vous au pouvoir de la communauté et de l'action collective ? L'initiative GiveBack to Algeria est à la recherche de personnes résolues et motivées pour rejoindre notre mission de promotion du développement durable et de création d'un changement durable en Algérie. C'est l'occasion pour vous de faire partie de quelque chose de transformateur.

Postes disponibles :

1. Chefs de projet

- **Lieu : Algérie**
- **Responsabilités :**
    - Superviser la planification, la mise en œuvre et le suivi de projets spécifiques à court terme.
    - S'assurer que les projets sont achevés à temps, dans les limites du budget et répondent à des normes de qualité élevées.
    - Coordonner avec les intervenants et les partenaires locaux.
- **Qualifications :**
    - Expérience avérée en gestion de projet.

- Solides compétences en leadership et en organisation.
- Excellentes capacités de communication et de relations interpersonnelles.

2. Agents de marketing et de communication

- **Lieu :** Remote/Algérie
- **Responsabilités :**
  - Élaborer et mettre en œuvre des stratégies de marketing pour promouvoir l'initiative.
  - Gérez les comptes de médias sociaux et créez du contenu attrayant.
  - Coordonner avec les médias et gérer les relations publiques.
- **Qualifications :**
  - Expérience en marketing, en communication ou dans des domaines connexes.
  - Maîtrise de la gestion des médias sociaux et de la création de contenu.
  - Solides compétences en rédaction et en communication.

3. Coordonnateurs de la collecte de fonds

- **Lieu :** Remote/Algérie
- **Responsabilités :**
  - Développer et exécuter des campagnes de financement.
  - Établir et entretenir des relations avec les donateurs et les commanditaires.
  - Organiser des événements et des activités de collecte de fonds.
- **Qualifications :**
  - Expérience en collecte de fonds ou en vente.
  - Excellentes compétences en matière de réseautage et d'établissement de relations.

- Capacité à travailler de manière autonome et en équipe.

4. Conseillers juridiques

- **Lieu :** Remote/Algérie
- **Responsabilités :**
  - Fournir des conseils juridiques et un soutien sur divers aspects de l'initiative.
  - Assurer la conformité aux lois et réglementations locales et internationales.
  - Rédiger, réviser et négocier des contrats et des ententes.
- **Qualifications :**
  - Diplôme en droit avec expérience pertinente.
  - Solide compréhension des systèmes juridiques algériens et internationaux.
  - Excellentes capacités d'analyse et de pensée critique.

5. Agents d'engagement communautaire

- **Lieu :** Algérie
- **Responsabilités :**
  - S'engager auprès des communautés locales pour comprendre leurs besoins et leurs priorités.
  - Animer les réunions communautaires et les séances de rétroaction.
  - Coordonner les projets et les activités communautaires.
- **Qualifications :**
  - Expérience en développement communautaire ou en travail social.
  - Solides compétences interpersonnelles et de communication.
  - Capacité à travailler en collaboration avec divers groupes.

Comment postuler

- **Date limite de candidature :**

Rejoignez-nous dans notre mission de construire un avenir meilleur pour l'Algérie. Ensemble, nous pouvons avoir un impact durable !

Pour plus d'informations sur l'initiative GiveBack to Algeria, visitez nos sites Web à www.giveback2dz.com et www.givebacktoalgeria.com et suivez-nous sur les réseaux sociaux @GiveBack2DZ et FaceBook :@GiveBacktoAlgeria. X : @GiveBackAlgeria Instagram : @GiveBacktoAlgeria

Redonner à l'Algérie – Construire demain, aujourd'hui.

Comment procéder avec tous les projets de l'initiative GiveBack to Algeria

La stratégie de mise en œuvre des projets de l'initiative GiveBack to Algeria implique une approche progressive pour assurer un développement global et durable dans toute l'Algérie. Le plan est le suivant :

1. **Phase initiale : mise en place d'un exemplaire de chaque projet dans chaque wilaya**
   - **Objectif :** Établir une présence dans chacune des cinquante-huit wilayas (provinces) d'Algérie en mettant en place une de chaque projet.
   - **Résultat :** Cela créera une base solide et démontrera l'impact de l'initiative dans tout le pays.
2. **Deuxième phase : Étendre à chaque daïra**
   - **Objectif :** Une fois qu'une présence est établie dans chaque wilaya, l'étape suivante consiste à mettre en œuvre un de chaque projet dans chaque daïra (district) au sein des wilayas.

        ◦ **Résultat :** Cette phase permettra de s'assurer que les avantages de l'initiative atteignent les petites divisions administratives, ce qui décentralisera davantage les efforts de développement.
   3. **Phase finale : présence dans chaque commune**
        ◦ **Objectif :** La phase finale consiste à étendre les projets à chaque commune (commune) des dairas.
        ◦ **Résultat :** En atteignant le niveau communal, l'initiative garantira que même les communautés les plus locales bénéficient des projets, favorisant ainsi un développement équitable dans toute l'Algérie.

Système administratif en Algérie

- **Wilayas (provinces) :** L'Algérie est divisée en cinquante-huit wilayas, chacune gouvernée par un wali (gouverneur) nommé par le président de l'Algérie. Les wilayas servent de divisions administratives principales.
- **Dairas (districts) :** Chaque wilaya est elle-même divisée en dairas. Il y a 547 daïras en Algérie, qui fonctionnent comme des sous-divisions au sein des wilayas.
- **Communes :** Les plus petites unités administratives sont les communes, qui sont au nombre de 1 541 en Algérie. Chaque commune est gouvernée par un conseil municipal élu chargé de l'administration et des services locaux.

Année 1 : Fondation et planification de l'initiative GiveBack to Algeria

Aperçu

La première année est cruciale pour poser des bases solides à l'initiative « GiveBack to Algeria ». Cette année devrait se concentrer sur la mise en place de l'infrastructure nécessaire, l'établissement de partenariats et la création de plans détaillés pour la mise en œuvre réussie des composantes du projet.

Plan détaillé pour l'année 1

1. Établir une structure organisationnelle

Actions clés :

- **Formez une équipe de base :** Recrutez du personnel clé, notamment des chefs de projet, des analystes financiers, des spécialistes du marketing, des coordonnateurs de l'engagement communautaire et du personnel opérationnel.
- **Définir les rôles et les responsabilités :** Décrivez clairement les rôles et responsabilités de chaque membre de l'équipe pour assurer une gestion efficace du projet.
- **Créer un conseil consultatif :** Établir un conseil consultatif composé d'experts dans divers domaines pour fournir une orientation stratégique et une supervision.

2. Obtenir un financement initial

Actions clés :

- **Campagne de collecte de fonds :** Lancer une campagne de collecte de fonds complète ciblant la diaspora algérienne, y compris le financement participatif et les appels aux dons directs.
- **Demander des subventions :** Identifiez et demandez des subventions auprès d'organisations internationales, de fondations et de programmes gouvernementaux qui soutiennent des initiatives de développement.
- **Commandites d'entreprise :** Recherchez des commandites auprès de multinationales et d'entreprises locales intéressées par les initiatives de responsabilité sociale des entreprises (RSE).

3. Élaborer des plans de projet détaillés

Actions clés :

- **Planification de projet :** Élaborer des plans de projet détaillés pour chaque composante, y compris les échéanciers, les budgets, les besoins en ressources et les stratégies de gestion des risques.
- **Études de faisabilité :** Mener des études de faisabilité pour des projets clés afin d'évaluer les défis et les opportunités potentiels.
- **Estimation des coûts :** Finalisez les estimations de coûts pour les dépenses de construction, d'exploitation et d'administration.

4. Établir des partenariats stratégiques

Actions clés :

- **Collaboration gouvernementale :** Collaborez avec les autorités gouvernementales locales et nationales pour obtenir du soutien, rationaliser les processus réglementaires et accéder à des ressources supplémentaires.
- **Partenariats avec des ONG :** Établir des partenariats avec des ONG et d'autres organismes de bienfaisance pour tirer parti de leur expertise et de leurs ressources.
- **Engagement communautaire :** Établir des relations avec les communautés locales pour assurer leur participation et leur soutien à l'initiative.

5. Établir une infrastructure opérationnelle

Actions clés :

- **Configuration du bureau :** Mettre en place le siège social et les bureaux régionaux au besoin pour coordonner les activités du projet.
- **Mise en œuvre de la technologie :** Mettre en œuvre l'infrastructure technologique essentielle, y compris les systèmes informatiques, les logiciels de gestion financière et les systèmes de gestion de la relation client (CRM).

- **Présence en ligne :** Développer un site Web convivial et des plateformes de médias sociaux pour la diffusion de l'information, l'engagement des donateurs et les dons en ligne.

6. Lancer les projets initiaux

Actions clés :

- **Projets pilotes :** Sélectionnez quelques projets clés à lancer en tant que projets pilotes pour évaluer les processus, recueillir des données et apporter les ajustements nécessaires.
- **Exécution du projet :** Commencer la construction et la mise en œuvre des projets pilotes sélectionnés, en veillant au respect des échéanciers et des budgets.
- **Suivi et évaluation :** Mettre en œuvre des mécanismes de suivi et d'évaluation pour suivre les progrès, identifier les problèmes et mesurer l'impact.

7. Engager et fidéliser les donateurs

Actions clés :

- **Stratégie de communication :** Élaborer et mettre en œuvre une stratégie de communication globale pour tenir les donateurs informés et engagés.
- **Mises à jour régulières :** Fournissez des mises à jour régulières sur l'avancement du projet, sa situation financière et son impact par le biais de bulletins d'information, de médias sociaux et de messages personnalisés.
- **Programmes de reconnaissance :** Mettez en place des programmes de reconnaissance des donateurs pour reconnaître et récompenser les contributeurs fidèles.

8. Mettre en œuvre des pratiques de gestion financière

Actions clés :

- **Budgétisation :** Créez des budgets détaillés pour chaque composante du projet et établissez des processus pour des examens financiers réguliers.
- **Surveillance financière :** Utilisez un logiciel de gestion financière pour suivre les revenus, les dépenses et les flux de trésorerie en temps réel.
- **Audits :** Effectuez des audits financiers réguliers pour assurer la transparence, la responsabilité et la conformité aux exigences réglementaires.

9. Élaborer des plans de gestion des risques

Actions clés :

- **Identification des risques :** Identifiez les risques potentiels pour chaque composante du projet, y compris les risques financiers, opérationnels et réglementaires.
- **Stratégies d'atténuation :** Élaborer et mettre en œuvre des stratégies pour atténuer les risques identifiés.
- **Planification d'urgence :** Créez des plans d'urgence pour faire face aux défis inattendus et assurer la continuité des opérations.

10. Préparez-vous à l'extension de l'année 2

Actions clés :

- **Examen et réflexion :** À la fin de la première année, effectuez un examen approfondi de toutes les activités, réalisations et défis.
- **Ajuster les plans :** Ajustez les plans et les stratégies de projet en fonction des enseignements de l'année 1.
- **Fixez des objectifs pour l'année 2 :** Fixez des buts et des objectifs clairs pour l'année 2, en vous concentrant sur la

mise à l'échelle des projets réussis et le lancement de nouveaux projets.

Calendrier sommaire pour l'année 1

Quartier	Activités clés
T1	Former l'équipe de base, établir un conseil consultatif, obtenir le financement initial
Question 2	Élaborer des plans de projet détaillés, établir des partenariats stratégiques
Question 3	Mettre en place une infrastructure opérationnelle, lancer des projets pilotes
Question 4	Mobiliser les donateurs, mettre en œuvre des pratiques financières, préparer l'année 2

L'année 1 est cruciale pour établir une base solide pour l'initiative « GiveBack to Algeria ». En se concentrant sur la construction de la structure organisationnelle, l'obtention de financement, l'élaboration de plans détaillés et le lancement de projets initiaux, l'initiative peut préparer le terrain pour une croissance durable et un succès dans les années à venir.

Années 2-3 : Construire l'infrastructure de l'initiative GiveBack to Algeria

Après le travail de base effectué au cours de l'année 1, les années 2 et 3 se concentreront sur la mise à l'échelle de l'initiative, la construction de l'infrastructure nécessaire et l'expansion de la mise en œuvre des projets. Voici un plan détaillé pour les années 2 et 3 :

Année 2 : Mise à l'échelle

1. Étendre la mise en œuvre des projets

Actions clés :

- **Chaîne de supermarchés** : Commencer la construction et l'installation de vingt-cinq supermarchés supplémentaires.
- **Chaîne d'hôtels** : Début de la construction de dix autres hôtels.
- **Magasins de détail** : Lancez cinquante autres magasins de détail pour lui et elle.
- **Immeubles d'appartements** : Commencer la construction de vingt-cinq immeubles d'appartements supplémentaires.
- **Centres logistiques** : Installez cinq autres centres de logistique, de stockage et de distribution.
- **Bibliothèques** : Établir une centaine de bibliothèques supplémentaires dans divers quartiers.
- **Piscines** : Construisez cent piscines supplémentaires.
- **Infrastructure culturelle** : Commencer à développer vingt autres projets d'infrastructures culturelles (musées, théâtres, galeries d'art).
- **Transport par autobus électrique** : Mettre en place cinq lignes d'autobus supplémentaires.
- **Parkings** : Développer vingt-cinq parkings supplémentaires.

2. Renforcer la capacité opérationnelle

Actions clés :

- **Recrutement et formation** : Embaucher et former le personnel pour les nouvelles composantes du projet lancées.
- **Mises à niveau technologiques** : Améliorer les systèmes informatiques, les plateformes en ligne et les outils de gestion de projet pour soutenir les opérations élargies.
- **Efficacité opérationnelle** : Mettez en œuvre les meilleures pratiques et les améliorations des processus pour optimiser les opérations dans tous les projets.

3. Améliorer l'engagement des donateurs

Actions clés :

- **Communication personnalisée** : Augmentez la communication personnalisée avec les donateurs pour les garder engagés et informés.
- **Histoires d'impact** : Partagez des histoires d'impact détaillées et des études de cas démontrant comment les dons font la différence.
- **Événements et campagnes** : Organisez des événements d'appréciation des donateurs et des campagnes de collecte de fonds pour stimuler l'engagement et les dons.

4. Obtenir un financement supplémentaire

Actions clés :

- **Demandes de subvention** : Continuez à demander des subventions pour obtenir des fonds supplémentaires pour des projets élargis.
- **Commandites d'entreprise** : Recherchez de nouvelles commandites d'entreprise et renouvelez les commandites existantes.
- **Collecte de fonds locale** : Augmentez les efforts de collecte de fonds locaux par le biais d'événements communautaires et de partenariats avec des entreprises locales.

5. Surveiller et évaluer les progrès

Actions clés :

- **Rapports réguliers** : Maintenez des rapports réguliers sur l'avancement du projet, sa situation financière et son impact.
- **Évaluation d'impact** : Effectuer des évaluations d'impact approfondies pour mesurer l'efficacité et les avantages des projets.

- **Ajuster les stratégies** : Ajuster les stratégies et les plans en fonction des résultats du suivi et des évaluations.

Calendrier sommaire pour l'année 2

Quartier | Activités clés

- **Q1** : Étendre la mise en œuvre des projets, recruter et former de nouveaux employés.
- **Q2** : Renforcer la capacité opérationnelle, améliorer l'engagement des donateurs.
- **Q3** : Obtenir des fonds supplémentaires, surveiller et évaluer les progrès.
- **Q4** : Ajuster les stratégies, se préparer à une nouvelle expansion en 3e année.

Année 3 : Consolider la croissance

1. Terminer les projets en cours

Actions clés :

- **Chaîne de supermarchés** : Construction et installation complètes pour les supermarchés restants.
- **Chaîne d'hôtels** : Terminer la construction des projets hôteliers en cours.
- **Magasins de détail** : Lancez les magasins de détail restants.
- **Immeubles d'appartements** : Finalisez la construction de tous les immeubles d'appartements.
- **Centres logistiques** : Configurez les centres de logistique, de stockage et de distribution restants.
- **Bibliothèques** : Établissez les bibliothèques restantes.
- **Piscines** : Construisez les piscines restantes.
- **Infrastructure culturelle** : Terminer le développement de tous les projets d'infrastructure culturelle.

- **Transport par autobus électrique** : Mettre en œuvre tous les circuits d'autobus prévus.
- **Parkings** : Développez les parkings restants.

2. Optimiser les opérations

Actions clés :

- **Examens opérationnels** : Effectuer des examens approfondis de tous les processus opérationnels et identifier les domaines à améliorer.
- **Améliorations de l'efficacité** : Mettez en œuvre des améliorations de l'efficacité dans toutes les composantes du projet pour optimiser les performances.
- **Formation du personnel** : Offrir des possibilités de formation et de perfectionnement continus au personnel afin d'améliorer ses compétences et ses capacités.

3. Renforcer la viabilité financière

Actions clés :

- **Optimisation des revenus** : Identifier et mettre en œuvre des stratégies pour maximiser les revenus des composantes de projets générateurs de revenus.
- **Contrôle des coûts** : Continuer à surveiller et à contrôler les coûts pour assurer la viabilité financière.
- **Réserves financières** : Constituez des réserves financières pour assurer la stabilité et couvrir les dépenses imprévues.

4. Approfondir l'engagement communautaire

Actions clés :

- **Programmes communautaires** : Élaborer et mettre en œuvre des programmes communautaires pour accroître la participation et le soutien locaux.

- **Mécanismes de rétroaction** : Établissez des mécanismes de rétroaction pour recueillir les commentaires des membres de la communauté et des intervenants.
- **Partenariats** : Renforcer les partenariats avec les organisations locales, les entreprises et les entités gouvernementales.

5. Préparez-vous à la durabilité à long terme

Actions clés :

- **Planification à long terme** : Élaborer des plans à long terme pour la durabilité et la croissance de l'initiative.
- **Planification de la relève** : Établir des plans de relève pour assurer la continuité du leadership et des opérations.
- **Objectifs stratégiques** : Fixez des objectifs stratégiques pour les 5 à 10 prochaines années afin d'orienter l'orientation future de l'initiative.

Calendrier sommaire pour l'année 3

Quartier | Activités clés

- **Q1** : Terminer les projets en cours, optimiser les opérations.
- **Q2** : Renforcer la viabilité financière, approfondir l'engagement communautaire.
- **Q3** : Préparez-vous à la durabilité à long terme, fixez des objectifs stratégiques.
- **Q4** : Revoir et consolider la croissance, planifier l'année 4.

Les années 2 et 3 sont cruciales pour construire l'infrastructure et consolider la croissance de l'initiative « GiveBack to Algeria ». En se concentrant sur l'expansion de la mise en œuvre des projets, le renforcement de la capacité opérationnelle, l'obtention de fonds supplémentaires et l'engagement de la communauté, l'initiative peut atteindre ses objectifs et assurer sa durabilité à long terme.

Années 4-5 : Expansion et durabilité pour l'initiative GiveBack to Algeria

Au cours des années 4 et 5, l'accent sera mis sur l'expansion de l'initiative, la garantie de la durabilité de tous les projets et la consolidation des bases posées les années précédentes. Ces années mettront l'accent sur l'optimisation des opérations, la mise à l'échelle des projets réussis et l'amélioration de l'impact global.

Année 4 : Expansion et optimisation

1. Développer des projets réussis

Actions clés :

- **Chaîne de supermarchés :** Ouvrir vingt-cinq supermarchés supplémentaires, soit un total de cent supermarchés.
- **Chaîne hôtelière :** Terminer la construction et ouvrir dix autres hôtels, portant le total à trente.
- **Magasins de détail :** Lancez cinquante magasins de détail supplémentaires, pour atteindre un total de 150 magasins.
- **Immeubles d'appartements :** Construire vingt-cinq immeubles d'appartements supplémentaires, totalisant soixante-quinze bâtiments.
- **Centres logistiques :** Établir cinq autres centres logistiques, totalisant quinze centres.
- **Bibliothèques :** Ouvrir cent bibliothèques supplémentaires, pour un total de trois cents bibliothèques.
- **Piscines :** Construisez cent piscines supplémentaires, totalisant trois cents piscines.
- **Infrastructure culturelle :** Développer vingt autres projets d'infrastructure culturelle, totalisant soixante.
- **Transport par autobus électrique :** Mettre en place cinq lignes d'autobus supplémentaires, atteignant vingt lignes.
- **Parkings :** Développer vingt-cinq parkings supplémentaires, pour atteindre un total de soixante-quinze.

2. Optimiser l'efficacité opérationnelle

Actions clés :

- **Audits opérationnels :** Effectuer des audits opérationnels complets pour identifier les inefficacités et les domaines à améliorer.
- **Meilleures pratiques :** Mettez en œuvre les meilleures pratiques et standardisez les processus dans tous les projets.
- **Intégration technologique :** Intégrer davantage la technologie pour rationaliser les opérations et améliorer la productivité.

3. Renforcer la gestion financière

Actions clés :

- **Génération de revenus :** Améliorer les stratégies de génération de revenus pour les projets générateurs de revenus.
- **Gestion des coûts :** Poursuivre une gestion rigoureuse des coûts pour assurer la santé financière.
- **Planification financière :** Affinez les plans et les prévisions financiers pour tenir compte de l'expansion des opérations.

4. Approfondir l'engagement des donateurs et de la communauté

Actions clés :

- **Programmes d'engagement :** Lancer de nouveaux programmes d'engagement des donateurs et de la communauté pour favoriser des relations plus solides.
- **Transparence :** Augmentez la transparence des rapports financiers et des mises à jour des projets pour renforcer la confiance.

- **Participation de la communauté :** Encourager la participation de la communauté à la planification et à la mise en œuvre des projets.

5. Surveiller et évaluer l'impact

Actions clés :

- **Études d'impact :** Réaliser des études d'impact détaillées pour évaluer les avantages sociaux et économiques des projets.
- **Mécanismes de rétroaction :** Renforcer les mécanismes de rétroaction pour recueillir les commentaires des bénéficiaires et des intervenants.
- **Ajuster les stratégies :** Utilisez les résultats des études d'impact pour ajuster les stratégies et améliorer les résultats du projet.

Calendrier sommaire pour l'année 4

Quartier | Activités clés

- **Q1 :** Mettre à l'échelle les projets réussis, effectuer des audits opérationnels.
- **Q2 :** Mettre en œuvre les meilleures pratiques, améliorer la génération de revenus.
- **Q3 :** Approfondir l'engagement des donateurs et de la communauté, accroître la transparence.
- **Q4 :** Mener des études d'impact, ajuster les stratégies en fonction des résultats.

Année 5 : Assurer la durabilité

1. Consolider la durabilité du projet

Actions clés :

- **Contrats à long terme :** Concluez des contrats à long terme avec les fournisseurs et les partenaires pour assurer la stabilité des opérations.
- **Plans d'entretien :** Élaborez des plans d'entretien complets pour toutes les infrastructures afin d'assurer leur longévité.
- **Programmes de développement durable :** Mettez en œuvre des programmes de développement durable pour réduire l'impact environnemental et les coûts opérationnels.

2. S'étendre à de nouvelles régions

Actions clés :

- **Analyse de marché :** Effectuez une analyse de marché pour identifier de nouvelles régions d'expansion.
- **Projets pilotes :** Lancer des projets pilotes dans de nouvelles régions pour évaluer la faisabilité et l'impact.
- **Mise en œuvre à grande échelle :** Déployez des projets à grande échelle dans des régions pilotes réussies.

3. Améliorer les flux de revenus

Actions clés :

- **Diversifier les revenus :** Explorez de nouvelles sources de revenus, telles que les ventes en ligne pour les magasins de détail et les services haut de gamme pour les hôtels.
- **Programmes d'adhésion :** Introduisez des programmes d'adhésion pour les revenus récurrents des supermarchés, des piscines et des bibliothèques.
- **Partenariats :** Développez des partenariats avec des entreprises locales pour le co-branding et les coentreprises.

4. Institutionnaliser les meilleures pratiques

Actions clés :

- **Procédures opérationnelles standard :** Élaborer et institutionnaliser des POS pour toutes les opérations.
- **Programmes de formation :** Former régulièrement le personnel sur les meilleures pratiques et les nouvelles procédures.
- **Amélioration continue :** Favoriser une culture d'amélioration continue grâce à des commentaires et à des innovations régulières.

5. Planification stratégique à long terme

Actions clés :

- **Vision et objectifs :** Affiner la vision et les objectifs à long terme pour les 5 à 10 prochaines années.
- **Planification de la relève :** Établissez un plan de relève pour assurer la continuité du leadership.
- **Projets d'héritage :** Identifier et développer des projets d'héritage qui auront un impact durable sur les communautés.

Calendrier sommaire pour l'année 5

Quartier | Activités clés

- **Q1 :** Consolider la durabilité du projet, obtenir des contrats à long terme.
- **Q2 :** Étendre à de nouvelles régions, lancer des projets pilotes.
- **Q3 :** Améliorer les sources de revenus, introduire des programmes d'adhésion.
- **Q4 :** Institutionnaliser les meilleures pratiques, élaborer des plans stratégiques à long terme.

Les années 4 et 5 se concentrent sur l'expansion de l'initiative « GiveBack to Algeria », l'optimisation des opérations, la garantie de la durabilité et la préparation à l'impact à long terme. En développant des projets réussis, en consolidant la santé financière, en renforçant l'engagement communautaire et en planifiant stratégiquement l'avenir, l'initiative peut atteindre ses objectifs et créer des avantages durables pour l'Algérie.

Années 6-7 : Innovation et consolidation pour l'initiative GiveBack to Algeria

Au cours des années 6 et 7, l'initiative s'orientera vers l'innovation et la consolidation. L'accent sera mis sur l'introduction de nouveaux projets innovants, l'amélioration de l'efficacité opérationnelle et la consolidation de tous les efforts déployés au cours des années précédentes. Ces années mettront l'accent sur le renforcement des fondations existantes, la promotion d'une croissance durable et l'amélioration de l'impact global de l'initiative.

Année 6 : Innovation et croissance

1. Lancer des projets innovants

Actions clés :

- **Projets de technologies vertes :** Introduire des projets d'énergie renouvelable tels que des parcs solaires et des éoliennes pour promouvoir la durabilité environnementale.
- **Infrastructure intelligente :** Mettre en œuvre des technologies de ville intelligente dans des projets existants et nouveaux afin d'accroître l'efficacité et d'améliorer la qualité de vie.
- **Technologie éducative :** Intégrer les technologies éducatives avancées dans les bibliothèques et les écoles pour améliorer les résultats d'apprentissage.

2. Améliorer les projets existants

Actions clés :

- **Moderniser les installations :** Moderniser les supermarchés, les hôtels, les magasins de détail et les immeubles d'habitation existants pour répondre à des normes plus élevées et augmenter la satisfaction des clients.
- **Développer la logistique :** Augmenter la capacité des centres logistiques pour soutenir l'expansion des opérations et assurer une gestion fluide de la chaîne d'approvisionnement.
- **Programmes culturels :** Élaborer et accueillir de nouveaux programmes culturels dans l'infrastructure culturelle établie pour promouvoir le patrimoine et les arts locaux.

3. Renforcer l'engagement communautaire

Actions clés :

- **Programmes de développement communautaire :** Lancer de nouveaux programmes de développement communautaire axés sur la santé, l'éducation et l'emploi.
- **Partenariats avec les ONG :** Collaborer avec les ONG locales et internationales pour améliorer la portée et l'efficacité des projets communautaires.
- **Programmes de bénévolat :** Établissez des programmes de bénévolat pour impliquer davantage de membres de la communauté et accroître le soutien de la base.

4. Optimiser les stratégies financières

Actions clés :

- **Stratégies d'investissement :** Développer et mettre en œuvre de nouvelles stratégies d'investissement pour maximiser les rendements et assurer la viabilité financière.

- **Réduction des coûts :** Identifiez et exécutez d'autres stratégies de réduction des coûts sans compromettre la qualité des services.
- **Éducation financière :** Fournir une éducation financière et un soutien aux communautés locales pour promouvoir l'autosuffisance économique.

5. Surveiller et évaluer les progrès

Actions clés :

- **Études d'impact avancées :** Mener des études d'impact avancées pour mesurer l'efficacité et les résultats de projets innovants.
- **Surveillance en temps réel :** Mettez en œuvre des systèmes de surveillance en temps réel pour les projets en cours afin d'assurer des interventions et des ajustements en temps opportun.
- **Commentaires des parties prenantes :** Recueillir et analyser régulièrement les commentaires des parties prenantes pour améliorer continuellement la mise en œuvre du projet.

Calendrier sommaire pour l'année 6

Quartier | Activités clés

- **Q1 :** Lancer des projets innovants, moderniser les installations existantes.
- **Q2 :** Améliorer la logistique, développer des programmes culturels.
- **Q3 :** Renforcer l'engagement communautaire, établir des programmes de bénévolat.
- **Q4 :** Optimiser les stratégies financières, mener des études d'impact avancées.

Année 7 : Consolidation et durabilité

1. Consolider les acquis

Actions clés :

- **Examiner les projets :** Effectuer un examen complet de tous les projets pour s'assurer de l'alignement avec les objectifs à long terme.
- **Standardiser les procédures : Standardiser** entièrement les procédures de tous les projets pour maintenir la cohérence et l'efficacité.
- **Renforcement des capacités :** Investir dans le renforcement des capacités du personnel et des membres de la communauté afin de maintenir les impacts du projet.

2. Approfondir les efforts en matière de durabilité

Actions clés :

- **Pratiques durables :** Mettre en œuvre et renforcer les pratiques durables dans toutes les opérations afin de minimiser l'impact environnemental.
- **Gestion des ressources :** Élaborer des stratégies avancées de gestion des ressources pour optimiser l'utilisation des ressources naturelles et financières.
- **Formation sur la durabilité :** Fournir une formation continue sur les pratiques de durabilité au personnel et aux dirigeants communautaires.

3. Développer les initiatives réussies

Actions clés :

- **Réplication du succès :** Identifier et reproduire les initiatives les plus réussies dans de nouveaux domaines pour étendre leur impact.

- **Du pilote à l'échelle réelle :** **Passez des** projets pilotes réussis de la 6e année à des mises en œuvre à grande échelle.
- **Partenariats stratégiques :** Former des partenariats stratégiques avec les gouvernements et les entités du secteur privé pour soutenir l'expansion.

4. Planification financière à long terme

Actions clés :

- **Fonds de dotation :** Établir des fonds de dotation pour assurer la stabilité financière à long terme.
- **Diversification des revenus :** Diversifiez davantage les sources de revenus pour réduire la dépendance à l'égard d'une source unique.
- **Gestion des risques financiers :** Élaborer et mettre en œuvre des stratégies complètes de gestion des risques financiers.

5. Favoriser la culture de l'innovation

Actions clés :

- **Centres d'innovation :** Créez des centres d'innovation pour encourager les solutions créatives et l'amélioration continue.
- **Programmes d'incubation :** Lancez des programmes d'incubation pour soutenir les entrepreneurs et les startups locaux.
- **Intégration technologique :** Intégrer une technologie innovante pour garder une longueur d'avance sur les tendances de l'industrie et améliorer la prestation de services.

Calendrier sommaire pour l'année 7

Quartier | Activités clés

- **Q1** : Examiner les projets, normaliser les procédures.
- **Q2** : Approfondir les efforts de durabilité, mettre en œuvre des stratégies de gestion des ressources.
- **Q3** : Étendre les initiatives réussies, faire passer les projets pilotes à grande échelle.
- **Q4** : Planification financière à long terme, favoriser la culture de l'innovation

Les années 6 et 7 de l'initiative « GiveBack to Algeria » seront axées sur l'innovation, la consolidation et la durabilité. En introduisant de nouveaux projets innovants, en améliorant les projets existants, en renforçant l'engagement communautaire et en assurant la stabilité financière à long terme, l'initiative sera bien placée pour créer un changement durable et percutant en Algérie. L'accent mis sur l'amélioration continue, l'expansion stratégique et la promotion d'une culture de l'innovation garantira que l'initiative reste dynamique et efficace pour répondre aux besoins des communautés algériennes.

Appel à l'action

L'initiative « GiveBack to Algeria » est plus qu'une vision ; C'est un mouvement enraciné dans notre héritage commun et nos aspirations collectives pour un avenir meilleur. Le voyage vers l'indépendance de l'Algérie témoigne de la résilience, du sacrifice et de la détermination inébranlable de nos ancêtres. Aujourd'hui, nous pourrions honorer leur héritage en construisant une Algérie prospère, inclusive et moderne.

Rejoignez-nous pour construire demain, dès aujourd'hui

Nous appelons tous les Algériens, tant dans leur pays que dans la diaspora, à s'unir et à contribuer à cette initiative transformatrice. Votre implication est cruciale pour la réussite de nos projets, des supermarchés aux hôtels, en passant par les immeubles d'habitation et les centres culturels. Ensemble, nous pouvons faire en sorte que chaque Algérien bénéficie de meilleures conditions de vie, d'un accès aux services essentiels et d'opportunités de croissance personnelle et professionnelle.

Comment vous pouvez faire une différence

1. **Contributions mensuelles** : Nous demandons à chaque membre de la diaspora algérienne de faire un don de 25 € par mois pendant 7,5 ans. Ce soutien constant permettra de financer le développement et l'expansion de projets essentiels à travers l'Algérie.
2. **Cotisations annuelles** : Pour ceux qui préfèrent, vous pouvez faire une contribution annuelle de 300 €. Cette option flexible vous permet de soutenir l'initiative d'une manière qui convient à votre planification financière.
3. **Commandite d'entreprise** : Les entreprises peuvent jouer un rôle central en parrainant des projets spécifiques ou en fournissant des ressources et de l'expertise. Les partenariats d'entreprise amplifieront notre impact et favoriseront le développement économique durable.
4. **Bénévolat** : Votre temps et vos compétences sont inestimables. Que vous soyez un professionnel prêt à offrir son expertise ou un membre de la communauté désireux de participer à des projets locaux, votre implication fera une différence significative.
5. **Passer le mot** : Partagez notre vision avec vos réseaux. En sensibilisant et en encourageant les autres à se joindre à la cause, vous contribuez à créer un élan et à assurer un engagement communautaire plus large.

L'impact de votre soutien

Vos contributions financeront divers projets visant à améliorer la qualité de vie en Algérie. De la modernisation des réseaux de distribution alimentaire à la création de logements abordables, en passant par la création de centres culturels et éducatifs, chaque projet est conçu pour favoriser le développement communautaire et la croissance économique. Les bénéfices générés par ces projets seront réinvestis dans de nouvelles entreprises, assurant un cycle continu de croissance et d'amélioration. Il n'y a pas d'actionnaires ; les avantages sont pour tous les Algériens, contribuant à une nation plus forte et plus résiliente.

Ensemble, nous pouvons atteindre l'excellence

L'initiative « GiveBack to Algeria » témoigne de ce que nous pouvons accomplir lorsque nous nous rassemblons autour d'un objectif commun. En honorant notre passé et en investissant dans notre avenir, nous ouvrons la voie à une Algérie dynamique et prospère. Votre soutien est la pierre angulaire de cette initiative, qui concrétise des projets ambitieux et crée un changement positif durable.

Rejoignez-nous aujourd'hui dans cette noble cause. Honorons notre héritage en construisant notre avenir – ensemble.

Projets futurs prévus par l'initiative GiveBack to Algeria

L'initiative GiveBack to Algeria prévoit une série de projets futurs visant à surmonter les défis et à tirer parti des opportunités dans divers secteurs. Ces projets comprennent des efforts de transformation dans l'agriculture, la promotion du contenu algérien en ligne, l'introduction de chaînes de restaurants, la création d'une ligue d'excellence en éducation, une initiative de parrainage sportif, des investissements dans le secteur de la pêche et le développement d'une chaîne d'approvisionnement durable en viande rouge.

Agriculture

L'initiative GiveBack to Algeria prévoit de relever les défis et d'exploiter les opportunités du secteur agricole algérien grâce à une approche globale et multidimensionnelle :

Modernisation et progrès technologique

Nous donnerons la priorité à la modernisation des pratiques agricoles en introduisant des technologies novatrices, notamment l'agriculture de précision, les systèmes d'irrigation goutte à goutte et la culture en serre. Ces innovations amélioreront l'efficacité des ressources, augmenteront le rendement des cultures et réduiront la consommation d'eau. En outre, nous nous concentrerons sur le développement de variétés de cultures résistantes à la sécheresse et la promotion de pratiques agricoles intelligentes face au climat pour améliorer la résilience au changement climatique et à la pénurie d'eau. Les agriculteurs recevront une formation et une assistance technique pour améliorer leurs connaissances et leurs compétences en matière de techniques agricoles modernes et de gestion durable des terres.

Renforcer les chaînes de valeur agricoles

Nos plans comprennent le renforcement des chaînes de valeur agricoles en investissant dans des infrastructures post-récolte, telles que des installations de stockage avancées, des usines de transformation et des réseaux de transport robustes. Cela permettra de minimiser les pertes après récolte et d'assurer la livraison rapide des produits frais sur les marchés. Nous prévoyons également de mettre en place une chaîne de supermarchés et un vaste réseau de stockage et de distribution, garantissant une livraison efficace et des produits de haute qualité pour les consommateurs. En favorisant les partenariats entre les agriculteurs et les agro-entreprises, nous créerons des débouchés stables et garantirons des prix équitables pour les produits agricoles. En outre, la promotion de la transformation des produits agricoles en produits de plus grande valeur générera des revenus supplémentaires pour les agriculteurs et créera de nouvelles opportunités d'emploi.

Promotion des pratiques agricoles durables

Nous encouragerons les pratiques d'agriculture biologique pour améliorer la santé des sols et réduire la dépendance aux intrants chimiques. Des investissements seront réalisés dans des systèmes d'irrigation efficaces et des techniques de collecte de l'eau afin de conserver les ressources en eau et de promouvoir une utilisation durable de l'eau. Des pratiques agricoles intelligentes face au climat, telles que l'agroforesterie et le travail de conservation du sol, seront mises en œuvre pour atténuer les impacts du changement climatique et améliorer la résilience des systèmes agricoles.

Soutien aux petits exploitants agricoles

Il est crucial de soutenir les petits exploitants agricoles. Nous leur donnerons accès au crédit et aux services financiers, leur permettant d'investir dans leurs exploitations, d'adopter des technologies innovantes et d'accroître leur production. L'initiative soutiendra la formation et le renforcement des coopératives agricoles afin d'autonomiser les petits agriculteurs, d'améliorer leur pouvoir de négociation et de faciliter un meilleur accès aux marchés. Assurer la sécurité foncière des petits exploitants agricoles sera une priorité, encourageant l'investissement et la planification à long terme, conduisant à une productivité accrue.

Réformes politiques et incitations

Nous poursuivrons les réformes politiques pour rationaliser les réglementations, réduire les obstacles bureaucratiques et créer un environnement plus propice à l'investissement dans l'agriculture. Nous plaiderons en faveur d'incitations fiscales et de subventions pour les investissements dans les technologies agricoles modernes et les pratiques durables afin d'attirer la participation du secteur privé. La facilitation des partenariats public-privé permettra de tirer parti de l'expertise et des ressources des deux secteurs, stimulant ainsi l'innovation et la croissance dans le secteur agricole.

Conclusion

En mettant en œuvre ces projets stratégiques, l'initiative GiveBack to Algeria vise à transformer le secteur agricole algérien en un moteur de croissance dynamique et durable. Ces efforts permettront non seulement d'améliorer les moyens de subsistance, mais aussi d'assurer la sécurité alimentaire du pays. L'intégration d'une chaîne de supermarchés et d'un solide réseau de stockage et de distribution jouera un rôle essentiel dans le maintien de la chaîne d'approvisionnement, la réduction des déchets et la garantie que des produits agricoles de haute qualité sont disponibles pour les consommateurs.

Approvisionnement en viande rouge

Introduction

Afin d'assurer un approvisionnement durable et fiable en viande rouge pour l'initiative GiveBack to Algeria, en se concentrant exclusivement sur la production locale, les mesures suivantes seront prises :

1. **Établir des relations directes avec les agriculteurs locaux**

    Approvisionnement direct :

    - **Partenariats avec les agriculteurs locaux :** Nous prévoyons d'établir des relations solides avec les éleveurs de moutons et de bovins par le biais de coopératives ou d'accords directs, assurant un approvisionnement régulier en viande tout en soutenant l'agriculture locale.

- **Contrats et accords :** Créer des contrats à long terme avec les agriculteurs pour assurer un approvisionnement constant en viande et assurer la stabilité financière des agriculteurs.

Soutien et investissement :

- **Formation et perfectionnement :** Investir dans des programmes de formation pour les agriculteurs sur les pratiques agricoles durables et efficaces, y compris la gestion de la santé animale et les techniques d'élevage modernes.
- **Aide financière :** Fournir un soutien financier ou des microcrédits aux agriculteurs pour l'achat de bétail, l'amélioration des infrastructures agricoles et l'accès à de meilleurs aliments pour animaux et services vétérinaires.

2. **Développer l'infrastructure de traitement et de distribution**

Installations de traitement :

- **Abattoirs et usines de transformation locaux :** Investir ou s'associer à des abattoirs et des installations de transformation de la viande locaux pour assurer une transformation hygiénique et efficace de la viande, en maintenant des normes de qualité et de sécurité élevées.

Logistique de la chaîne du froid :

- **Réfrigération et transport :** Développer un système logistique robuste de la chaîne du froid, y compris des installations de transport et de stockage réfrigérées, pour maintenir la fraîcheur et la qualité de la viande de la ferme au supermarché ou au restaurant.

3. **Mettre en œuvre des programmes d'assurance qualité**

   Certification et normes :

   - **Contrôle de la qualité :** Mettre en œuvre des mesures strictes de contrôle de la qualité et des programmes de certification pour s'assurer que la viande fournie répond aux normes de santé et de sécurité.
   - **Systèmes de traçabilité :** Développer des systèmes de traçabilité pour suivre l'origine de la viande, assurer la transparence et renforcer la confiance des consommateurs.

4. **Favoriser les modèles coopératifs**

   Agriculture coopérative :

   - **Former des coopératives :** Encourager les agriculteurs à former des coopératives pour mettre en commun leurs ressources, partager leurs connaissances et améliorer leur pouvoir de négociation. Les coopératives peuvent également aider à l'achat en gros d'aliments pour animaux et de services vétérinaires, réduisant ainsi les coûts.

   Soutien communautaire :

   - **Engagement communautaire :** Impliquer les communautés locales dans l'initiative pour favoriser un sentiment d'appartenance et de responsabilité envers les pratiques d'élevage durables.

5. **Investir dans le marketing et l'éducation des consommateurs**

   Promotion des produits locaux :

- **Image de marque et marketing :** Faites la promotion de la viande d'origine locale par le biais de campagnes de marque et de marketing qui soulignent les avantages de soutenir les agriculteurs locaux et la qualité supérieure du produit.
- **Éducation des consommateurs :** Éduquer les consommateurs sur l'importance de soutenir l'agriculture locale et les avantages nutritionnels de la viande d'origine locale.

6. **Collaborer avec les intervenants du gouvernement et de l'industrie**

   Politiques et défense des intérêts :

   - **Soutien gouvernemental :** Travailler avec les agences gouvernementales pour accéder à des subventions, des subventions et d'autres formes de soutien au secteur agricole. Plaider en faveur de politiques qui soutiennent l'élevage durable et la production locale de viande.
   - **Associations de l'industrie :** Collaborer avec les associations de l'industrie et participer à des foires commerciales et à des expositions pour se tenir au courant des tendances du marché et des innovations dans l'industrie de la viande.

7. **Accent sur la durabilité et l'innovation**

   Pratiques durables :

   - **Agriculture respectueuse de l'environnement :** Encourager et soutenir les pratiques agricoles durables qui minimisent l'impact environnemental, telles que le pâturage en rotation et les méthodes d'agriculture biologique.
   - **Innovation et technologie :** Investir dans des technologies innovantes comme la production d'aliments hydroponiques et les améliorations

génétiques pour améliorer l'efficacité et la qualité de la production de viande.
8. **Développer la production locale d'aliments pour animaux**

   Autosuffisance alimentaire :

   - **Production d'aliments pour animaux :** Investir dans la production locale d'aliments pour animaux afin d'assurer un approvisionnement stable en aliments de qualité pour le bétail. Cela comprend la culture de cultures fourragères et la production d'aliments pour bovins et ovins de haute qualité.
   - **Contrôle de la qualité des aliments :** Mettre en œuvre des normes et des mesures de contrôle de la qualité pour la production d'aliments pour animaux afin d'assurer l'adéquation nutritionnelle et la sécurité du bétail.

En mettant en œuvre ces stratégies, l'initiative GiveBack to Algeria peut créer une chaîne d'approvisionnement fiable, de haute qualité et durable pour la viande rouge qui profite aux agriculteurs locaux, répond à la demande des consommateurs et soutient le développement économique global de l'Algérie. Cette approche permettra non seulement d'assurer la sécurité alimentaire, mais aussi de promouvoir la croissance économique locale et la durabilité du secteur agricole.

Poisson et pêche

Introduction

Pour investir efficacement dans le secteur de la pêche et assurer un approvisionnement régulier en poisson pour la chaîne de supermarchés, d'hôtels et de futurs restaurants de l'initiative GiveBack to Algeria, plusieurs mesures stratégiques seront prises :

1. **Investissement dans l'aquaculture**

    Développement de l'aquaculture :

    - **Établir des fermes aquacoles :** Nous prévoyons d'investir dans le développement de fermes aquacoles pour assurer un approvisionnement constant de diverses espèces de poissons. Cela inclut l'aquaculture continentale et côtière.
    - **Formation et soutien : Offrir** des programmes de formation aux agriculteurs locaux sur les techniques d'aquaculture modernes afin d'accroître la productivité et la durabilité.

    Avantages :

    - Assure un approvisionnement stable en poisson quelles que soient les fluctuations saisonnières.
    - Réduit la pression sur les stocks de poissons sauvages et favorise les pratiques de pêche durables.

2. **Partenariats et collaboration**

    Collaborez avec les pêcheurs locaux :

    - **Coopératives et associations :** Nous formerons des coopératives ou des associations avec les pêcheurs locaux pour assurer des pratiques commerciales équitables et une chaîne d'approvisionnement stable.
    - **Approvisionnement direct :** Établir des accords d'approvisionnement direct avec les communautés de pêcheurs pour assurer un approvisionnement régulier et fiable en poisson.

    Avantages :

    - Soutient les économies et les communautés locales.

- o Fournit une chaîne d'approvisionnement stable et potentiellement moins coûteuse pour l'initiative GiveBack.

3. **Investissement dans les infrastructures**

   Développement de la chaîne du froid :

   - o **Installations d'entreposage frigorifique :** Investissez dans des installations d'entreposage frigorifique près des zones de pêche pour préserver la fraîcheur et la qualité du poisson.
   - o **Logistique et transport : Développer** des réseaux de logistique et de transport efficaces pour transporter rapidement le poisson des points de capture vers les points de vente au détail et les hôtels.

   Avantages :

   - o Réduit la détérioration et assure un approvisionnement en poisson de haute qualité.
   - o Améliore la capacité de distribution du poisson dans divers points de vente au détail et d'accueil.

4. **Pratiques durables**

   Certification de durabilité :

   - o **Eco-certifications :** Encourager et soutenir les pêcheurs et les fermes aquacoles locales à obtenir des éco-certifications telles que MSC (Marine Stewardship Council) ou ASC (Aquaculture Stewardship Council).
   - o **Pratiques durables :** Mettre en œuvre et promouvoir des pratiques de pêche et d'élevage durables pour assurer la viabilité à long terme des stocks de poissons.

Avantages :

- S'aligne sur les objectifs mondiaux de durabilité et améliore la réputation de la marque GiveBack.
- Assure la disponibilité à long terme des ressources halieutiques.

5. **Recherche et développement**

Investissement en R&D :

- **Techniques innovantes :** Investir dans la recherche et le développement pour découvrir des techniques innovantes en pisciculture et en pêche durable.
- **Adoption de la technologie :** Encourager l'adoption de la technologie pour surveiller la santé des poissons, la qualité de l'eau et la gestion efficace des aliments.

Avantages :

- Augmente la productivité et l'efficacité de la production de poissons.
- Réduit l'impact environnemental et favorise une croissance durable.

6. **Développement des marchés et des chaînes de valeur**

Expansion du marché :

- **Potentiel d'exportation :** Explorer les possibilités d'exportation de poisson de haute qualité vers les marchés internationaux afin d'augmenter les revenus.
- **Diversification des produits :** Développer une variété de produits de poisson (par exemple, filets, poisson fumé, poisson en conserve) pour répondre aux différents segments du marché.

Avantages :

- o Diversifie les sources de revenus et réduit la dépendance à l'égard d'un marché unique.
- o Améliore la présence de la marque et la portée du marché.

Stratégie de mise en œuvre

- **Études de faisabilité :** Mener des études de faisabilité pour identifier les meilleurs emplacements pour les fermes aquacoles et les installations d'entreposage frigorifique.
- **Engagement des parties prenantes :** S'engager auprès des communautés locales, des organismes gouvernementaux et des experts du secteur pour aligner la stratégie d'investissement sur les besoins locaux et les exigences réglementaires.
- **Projets pilotes :** Lancer des projets pilotes pour évaluer et affiner les techniques d'aquaculture et la logistique de la chaîne d'approvisionnement avant de passer à l'échelle.
- **Suivi et évaluation :** Mettre en œuvre des cadres de suivi et d'évaluation solides pour suivre les progrès et apporter les ajustements nécessaires.

En investissant dans l'aquaculture, en établissant des partenariats solides, en améliorant les infrastructures, en promouvant la durabilité et en encourageant la recherche et le développement, GiveBack to Algeria peut garantir un approvisionnement fiable et de haute qualité en poisson pour ses supermarchés, hôtels et futurs restaurants. Cette approche garantit non seulement la sécurité alimentaire, mais soutient également les économies locales et promeut des pratiques durables.

Donnez aux chaînes de restaurants algériennes

Introduction

Dans le cadre des futures initiatives du programme GiveBack to Algeria, nous prévoyons de développer deux projets novateurs : la création d'une chaîne de restauration rapide et d'une chaîne de restaurants gastronomiques à travers l'Algérie. Ces entreprises sont conçues pour stimuler la croissance économique, générer des opportunités d'emploi et améliorer le paysage culinaire algérien.

Objectifs du projet

- **Développement économique :** Contribuer à la croissance économique de l'Algérie en créant des emplois et en soutenant les fournisseurs locaux.
- **Excellence culinaire : Offrir** des options alimentaires de haute qualité, allant de repas rapides et abordables à des expériences gastronomiques exquises.
- **Engagement communautaire :** S'engager auprès des communautés locales et favoriser une culture de redonner grâce à des pratiques durables et à l'approvisionnement local.

Chaîne de restauration rapide : « Quick »

- **Concept commercial :** « Quick » proposera un menu diversifié de repas abordables, rapides et délicieux destinés à un large public. La chaîne mettra l'accent sur la rapidité, la commodité et la cohérence tout en maintenant des normes élevées de qualité et d'hygiène.
- **Marché cible :**
    - Jeunes professionnels et étudiants
    - Les familles à la recherche d'options de repas rapides.
    - Touristes à la recherche de saveurs locales dans un format pratique.
- **Points forts du menu :**
    - Favoris locaux tels que les sandwichs shawarma, couscous et merguez

- - Articles de restauration rapide internationaux comme les hamburgers, les frites et les wraps
  - Options saines, y compris des salades et des jus de fruits frais.
- **Lieux :** Grandes villes telles qu'Alger, Oran et Constantine ; Zones à fort trafic comme les centres commerciaux, les quartiers d'affaires et les centres de transport

Importance de créer une chaîne de restauration rapide

L'industrie de la restauration rapide est cruciale pour fournir des options de repas rapides et abordables aux populations urbaines occupées. En Algérie, où il existe une demande croissante de solutions de restauration pratiques, une chaîne comme « Quick » peut combler une lacune importante sur le marché. De plus, l'industrie de la restauration rapide peut créer de nombreuses opportunités d'emploi, en particulier pour les jeunes et les étudiants, et soutenir l'agriculture locale en s'approvisionnant localement.

Chaîne de restaurants gastronomiques : « Elégance »

- **Concept d'affaires :** « Elégance » offrira une expérience culinaire luxueuse, mettant en valeur le riche patrimoine culinaire de l'Algérie avec une touche moderne. La chaîne se concentrera sur un service exceptionnel, une ambiance élégante et une cuisine gastronomique.
- **Marché cible :**
  - Locaux et expatriés aisés
  - Dirigeants d'entreprise et professionnels
  - Touristes à la recherche d'une expérience culinaire haut de gamme.
- **Points forts du menu :**
  - Interprétations gourmandes de plats traditionnels algériens
  - Vaste carte de boissons comprenant des sélections locales et internationales.

    - Ingrédients de saison et d'origine locale
- **Emplacements :** Emplacements de choix dans les grandes villes telles qu'Alger, Oran et Constantine ; Quartiers haut de gamme et quartiers d'affaires

Importance de créer une chaîne gastronomique

Les établissements gastronomiques jouent un rôle essentiel dans la mise en valeur et la préservation des traditions culinaires tout en introduisant des techniques culinaires innovantes. « Elégance » a pour objectif d'élever la cuisine algérienne aux normes internationales, en attirant une clientèle locale et internationale. Ces restaurants créeront non seulement des opportunités d'emploi direct, mais favoriseront également le tourisme et le secteur de l'hôtellerie. De plus, ils favoriseront la fierté locale et la reconnaissance mondiale des arts culinaires algériens.

Les chaînes de restaurants prévues pour « GiveBack to Algeria » – « Quick » et « Elégance » – devraient avoir un impact significatif sur la scène culinaire et l'économie du pays. En offrant des expériences culinaires diversifiées et en créant de nombreuses opportunités d'emploi, ces entreprises contribueront à l'objectif plus large de développement économique durable en Algérie. Le succès de ces projets se mesurera non seulement en termes financiers, mais aussi en fonction de leur impact positif sur la communauté et l'industrie locale.

Ligue d'excellence en éducation (EEL)

Dans le cadre de l'initiative GiveBack to Algeria

Aperçu du projet

Nom : Ligue d'excellence en éducation (EEL)

Objectif : Promouvoir l'excellence académique, l'esprit sportif et les activités parascolaires par le biais de compétitions amicales et de classements entre les écoles primaires, secondaires et universitaires en Algérie.

Composants clés

1. **Classements**
   - **Catégories :**
     - Écoles primaires
     - Écoles secondaires
     - Universités
   - **Critères :**
     - Rendement scolaire (résultats aux tests standardisés, notes)
     - Palmarès sportifs (résultats en compétition régionale et nationale)
     - Activités parascolaires (clubs, arts, musique)
     - Service communautaire (heures de bénévolat, projets d'impact)
     - Projets d'innovation (expo-sciences, concours technologiques)
   - **Système de notation :**
     - Les points attribués en fonction des performances dans chaque catégorie.
     - Mises à jour et publications régulières des classements de la ligue pour maintenir l'esprit de compétition.
2. **Compétitions**
   - **Compétitions hebdomadaires :**
     - Matières : Mathématiques, Sciences, Littérature, Histoire, etc.
     - Format : Quiz, débats, expo-sciences, concours de talents
   - **Compétitions sportives :** Football, basket-ball, athlétisme et autres sports populaires.
   - **Activités parascolaires :** Art, musique, théâtre et projets de service communautaire.
3. **Événements télévisés**

- o **Émissions hebdomadaires :** Faits saillants des compétitions, avec des interviews, des performances et des cérémonies de remise de prix.
- o **Programmes éducatifs :** Segments sur divers sujets éducatifs, avec des conférenciers invités et du contenu éducatif.
- o **Partenariats :** Collaborations avec des chaînes de télévision locales et des plateformes de streaming en ligne pour atteindre un public plus large.

4. **Prix et reconnaissance**
   - o **Prix mensuels et annuels :** trophées, certificats et bourses pour les meilleurs éléments dans chaque catégorie.
   - o **Reconnaissances spéciales :** Pour l'innovation, le service communautaire et l'esprit sportif exceptionnel.

5. **Engagement communautaire**
   - o **Participation des parents :** Encourager les parents à participer et à soutenir les activités de leurs enfants.
   - o **Entreprises locales :** Partenariat avec des entreprises pour des commandites et des prix.
   - o **Bénévoles :** Impliquer des bénévoles locaux pour l'organisation d'événements et le mentorat.

Plan de mise en œuvre

1. **Planification et organisation**
   - o **Former des comités :** Établissez des comités pour chaque catégorie (académique, sportive, parascolaire) pour planifier et superviser les compétitions.
   - o **Partenariats :** Établir des partenariats avec des établissements d'enseignement, des médias et des sponsors.

2. **Programme pilote**

- Sélectionnez les écoles et les universités : Commencez par quelques établissements pour piloter le programme et affiner le processus.
- **Compétitions initiales :** Organiser les premières rondes de compétitions et d'événements télévisés.

3. **Lancement à grande échelle**
   - **Élargir la participation :** Invitez plus d'écoles et d'universités à rejoindre la ligue.
   - **Mises à jour régulières :** Tenez à jour les classements et organisez des compétitions régulières.
   - **Amélioration continue :** Recueillir des commentaires et améliorer continuellement le programme.

4. **Durabilité**
   - **Financement :** Obtenir un financement par le biais de commandites, de subventions gouvernementales et de dons communautaires.
   - **Publicité :** Utilisez les médias sociaux, les journaux locaux et les événements communautaires pour promouvoir l'initiative.
   - **Évaluation de l'impact :** Évaluez régulièrement l'impact du programme sur les résultats scolaires, le développement personnel et l'engagement communautaire des étudiants.

Avantages

- **Excellence académique :** Encourage les étudiants à exceller sur le plan académique grâce à une saine compétition.
- **Développement des compétences :** Favorise l'esprit sportif, la créativité et les compétences en leadership.
- **Esprit communautaire :** Favorise un sentiment de communauté et de collaboration entre les élèves, les parents et les éducateurs.

- **Fierté nationale :** Met en valeur les talents et les réalisations des étudiants algériens sur une plateforme nationale.

Détails supplémentaires

- **Exemples de compétitions :**
  - Quiz académiques : Quiz thématiques hebdomadaires sur différents sujets, diffusés en direct.
  - Expo-sciences : Foires mensuelles présentant des projets d'étudiants avec des juges experts.
  - Tournois sportifs : Tournois saisonniers de football, de basket-ball et d'athlétisme.
  - Festivals d'art et de musique : Festivals annuels célébrant le talent des étudiants dans les arts.
- **Exemples de récompenses :**
  - Meilleure école/université du mois : Basé sur la performance globale dans toutes les catégories.
  - Prix du meilleur innovateur : Pour le projet scientifique/technologique le plus innovant.
  - Prix du héros communautaire : Pour des contributions exceptionnelles au service communautaire.

Suivi et évaluation

- **Enquêtes de rétroaction :** Enquêtes régulières auprès des élèves, des enseignants et des parents.
- **Analyse des performances :** analyse des données pour suivre les tendances et l'impact des performances.
- **Conseil consultatif :** Un conseil d'éducateurs et d'experts pour fournir des conseils et une surveillance continue.

En mettant en œuvre la Ligue d'excellence en éducation dans le cadre de l'initiative GiveBack to Algeria, nous visons à favoriser une culture d'excellence et d'amélioration continue dans le système éducatif algérien, en offrant aux étudiants de nombreuses opportunités de briller et de se développer tant sur le plan académique que personnel.

Stratégie de l'Initiative de commandite sportive

Introduction

Objectif : Soutenir et encourager les jeunes talents sportifs algériens en leur fournissant une assistance complète pour les aider à réussir dans leurs sports de prédilection, en encourageant les futurs athlètes professionnels et champions.

1. **Nécessité et objectif de l'initiative**

    1.1. **Tenir compte de la démographie et du potentiel des jeunes**

    L'Algérie compte une population jeune, avec environ 54 % de ses citoyens âgés de moins de trente ans. Ce groupe démographique présente un potentiel important pour la nation dans divers domaines, notamment dans le sport. Les jeunes possèdent la vigueur, l'enthousiasme et la capacité d'adaptation nécessaires pour exceller en athlétisme. Cependant, malgré ce potentiel, de nombreux jeunes athlètes algériens sont confrontés à des défis importants pour accéder à une formation de qualité, à des installations et à un soutien financier.

    1.2. **Former les futurs champions**

    L'objectif principal de l'initiative de parrainage sportif GiveBack to Algeria est de combler ce fossé en fournissant aux jeunes athlètes les ressources et les opportunités nécessaires pour exceller. En nous concentrant sur l'identification et le soutien précoces, nous visons à former de futurs champions capables de représenter l'Algérie sur la scène mondiale. Cette initiative vise à garantir que les talents prometteurs reçoivent l'encadrement, la formation et le soutien dont ils ont besoin pour atteindre leur plein potentiel.

1.3. Améliorer la représentation nationale dans les sports internationaux

Historiquement, l'Algérie a produit des athlètes exceptionnels qui ont marqué les événements sportifs internationaux. Du légendaire coureur Noureddine Morceli à la star du football Riyad Mahrez, les athlètes algériens ont démontré le potentiel du pays sur la scène mondiale. Cependant, le parcours vers le succès international est semé d'embûches, et de nombreuses personnes talentueuses n'ont pas les moyens de poursuivre leurs rêves. L'initiative GiveBack to Algeria vise à changer cela en créant un parcours structuré pour les jeunes athlètes, améliorant ainsi la représentation de l'Algérie dans les événements sportifs internationaux.

1.4. Impact socio-économique

Investir dans le développement du sport présente des avantages socio-économiques considérables. Il favorise la santé physique, inculque la discipline et fournit des modèles positifs aux jeunes. En outre, les athlètes qui réussissent peuvent inspirer la fierté et l'unité nationales, et leurs réalisations peuvent rehausser le profil de l'Algérie sur la scène internationale. En favorisant une culture d'excellence sportive, nous pouvons contribuer au développement holistique de nos jeunes, en les éloignant des influences négatives et en leur offrant des opportunités de croissance personnelle et professionnelle.

2. Structure et gouvernance du programme

2.1. Mettre en place un comité directeur

- **Composition :** Inclure d'anciens athlètes, des professionnels du sport, des éducateurs et des chefs d'entreprise.
- **Responsabilités :** Superviser le programme, prendre des décisions stratégiques et assurer l'alignement avec les objectifs globaux.

2.2. Créer des coordinateurs régionaux

- **Rôle :** Gérer la mise en œuvre locale de l'initiative, consulter les écoles, les clubs sportifs et les communautés.

3. Identification et recrutement de talents

3.1. Sensibilisation des écoles et de la communauté

- **Activités :** Organiser des journées sportives, des compétitions et des ateliers dans les écoles et les communautés pour identifier les talents.
- **Partenariats :** Collaborer avec les écoles, les clubs sportifs locaux et les organisations communautaires pour atteindre un plus grand nombre d'athlètes potentiels.

3.2. Programmes de recherche de talents

- **Événements de reconnaissance :** organisez régulièrement des événements de reconnaissance et des épreuves dans différentes régions.
- **Critères d'évaluation : Développer** un système d'évaluation normalisé pour évaluer le potentiel en fonction des attributs physiques, techniques et psychologiques.

4. Cadre de soutien

4.1. Formation et coaching

- **Installations :** Donner accès à des installations et à des équipements de formation de haute qualité.
- **Personnel d'entraîneurs :** Employer des entraîneurs et des formateurs expérimentés dans diverses disciplines sportives.
- **Programmes de développement :** Concevez des programmes de développement personnalisés adaptés aux besoins de chaque athlète.

4.2. Soutien financier

- **Bourses :** Offrez des bourses pour couvrir les frais d'entraînement, d'équipement, de voyage et de compétition.
- **Subventions :** Accordez des subventions pour les camps d'entraînement avancé et l'exposition internationale.

4.3. Soutien scolaire

- **Plans d'éducation :** Développez des plans d'éducation qui permettent aux athlètes d'équilibrer leurs engagements sportifs et académiques.
- **Services de tutorat :** Offrez du tutorat et du soutien scolaire pour vous assurer que les athlètes ne prennent pas de retard dans leurs études.

5. Santé et bien-être

5.1. Soutien médical

- **Accès aux soins de santé :** Assurer l'accès à des bilans de santé réguliers, à la physiothérapie et à la médecine sportive.

- **Plans nutritionnels :** Développez des plans nutritionnels individualisés pour optimiser les performances et la récupération.

5.2. Soutien en santé mentale

- **Services de counseling :** Donner accès à des psychologues du sport et à des professionnels de la santé mentale.
- **Ateliers :** Animez des ateliers sur la résilience mentale, la gestion du stress et les stratégies d'adaptation.

6. Surveillance et évaluation du rendement

6.1. Suivi des progrès

- **Mesures :** Établissez des indicateurs de performance clés (KPI) pour suivre les progrès des athlètes.
- **Évaluations régulières :** Effectuez des évaluations régulières des performances et ajustez les programmes d'entraînement au besoin.

6.2. Mécanismes de rétroaction

- **Séances de rétroaction :** Organisez des séances de rétroaction périodiques avec les athlètes et les entraîneurs.
- **Plans d'amélioration :** Développez et mettez en œuvre des plans d'amélioration basés sur les commentaires.

7. Partenariats et commandites

7.1. Commandites d'entreprises

- **Forfaits de parrainage :** Créez des forfaits de parrainage attrayants pour les entreprises afin de soutenir les athlètes.
- **Alignement de la marque :** Assurez-vous que les valeurs des sponsors correspondent aux objectifs de l'initiative.

7.2. Partenariats entre le gouvernement et les ONG

- **Collaborations :** S'associer à des organismes gouvernementaux et à des ONG pour obtenir un soutien et des ressources supplémentaires.
- **Financement :** Rechercher des subventions et des opportunités de financement auprès de diverses sources.

8. Promotion et engagement communautaire

8.1. Campagnes de marketing et de relations publiques

- **Campagnes :** Développez des campagnes de marketing et de relations publiques pour faire connaître l'initiative.
- **Histoires de réussite :** Mettez en évidence les histoires de réussite des athlètes sponsorisés pour inspirer et attirer plus de participants.

8.2. Participation communautaire

- **Programmes de bénévolat :** Encouragez les membres de la communauté à faire du bénévolat et à soutenir les talents locaux.
- **Événements d'engagement :** Organisez des événements qui rassemblent les athlètes, les familles et les communautés.

9. Durabilité et croissance future

9.1. Planification à long terme

- **Vision :** Élaborer une vision à long terme pour l'initiative avec des jalons et des objectifs clairs.
- **Évolutivité :** créez un modèle évolutif qui peut être étendu pour inclure davantage d'athlètes et de disciplines sportives.

9.2. Amélioration continue

- **Boucles de rétroaction :** Mettez en œuvre des boucles de rétroaction continues pour identifier les domaines à améliorer.
- **Innovation :** Restez au courant des dernières tendances et innovations en matière de développement sportif et intégrez-les au programme.

Calendrier de mise en œuvre

Année 1 : Phase de fondation et phase pilote

- Mettre sur pied le comité directeur et les coordonnateurs régionaux.
- Lancer des programmes de sensibilisation dans les écoles et les communautés.
- Lancer des programmes de dépistage et de formation des pilotes dans certaines régions.

Année 2-3 : Expansion et consolidation

- Étendre l'initiative à d'autres régions.
- Développez des partenariats avec plus d'écoles, de clubs et de sponsors.
- Affiner et étendre les programmes de formation, de soutien financier et académique.

Année 4-5 : Opération à grande échelle

- Opérationnaliser pleinement le programme dans tout le pays.
- Surveiller, évaluer et améliorer continuellement l'initiative.
- Construisez un solide pipeline de futurs athlètes professionnels et champions.

Cette stratégie vise à créer un cadre solide pour identifier, soutenir et développer les jeunes talents sportifs en Algérie, en veillant à ce qu'ils disposent des ressources et des conseils nécessaires pour exceller dans leurs domaines de prédilection. En répondant aux besoins de la population jeune et en tirant parti de son potentiel, nous pouvons renforcer la présence de l'Algérie dans le sport international, contribuant ainsi à la fierté nationale et au développement socio-économique.

Contenu en ligne algérien

Proposition détaillée : création d'une équipe de contenu en ligne pour la promotion de l'histoire et de la culture algériennes

Introduction

La riche histoire et la diversité culturelle de l'Algérie sont des trésors qui méritent d'être largement partagés et célébrés. Avec l'avènement des médias numériques, il existe une occasion unique de créer une série de sites Web qui servent de référentiels complets de l'histoire, de la culture et des réalisations algériennes. Ces sites Web s'adresseront à des publics locaux et internationaux, fournissant des ressources éducatives précieuses et promouvant la compréhension interculturelle.

Portée du projet

Nous prévoyons de créer une série de sites Web, chacun se concentrant sur divers aspects de la culture et de l'histoire algériennes :

dzcinema.com

- **Contenu :** Informations détaillées sur le cinéma algérien, y compris des filmographies, des biographies de personnalités clés de l'industrie, des critiques et des analyses.
- **Caractéristiques :** Base de données consultable, galeries multimédias et sections de contenu généré par les utilisateurs.

dztheatre.com

- **Contenu :** Informations sur l'histoire du théâtre algérien, les pièces notables, les dramaturges et l'actualité du théâtre contemporain.
- **Caractéristiques :** Chronologies interactives, archives vidéo de performances et entretiens avec des personnalités du théâtre.

dzhistoire.com

- **Contenu :** Récits historiques complets de l'Algérie, des événements clés et des personnages influents.
- **Caractéristiques :** Chronologies détaillées, documents de source primaire et cartes interactives.

dzsports.com

- **Contenu :** Couverture de divers sports en Algérie, notamment le football, le handball, le basket-ball, la boxe et le judo. Biographies d'athlètes, records et réalisations importantes.
- **Caractéristiques :** Mises à jour des scores en direct, profils des athlètes et enregistrements historiques.

dzbiographies.com

- **Contenu :** Biographies de personnalités algériennes éminentes dans divers domaines tels que la politique, les arts, la science et la littérature.
- **Caractéristiques :** Biographies consultables, contenu multimédia et contributions des utilisateurs.

01111954.com, 08051945.com 05071962.com

- **Contenu :** Dédié à des dates importantes spécifiques de l'histoire algérienne, fournissant des récits détaillés et des documents d'archives liés à ces dates.
- **Caractéristiques :** Documents d'archives, témoignages oculaires et récits interactifs.

Composition de l'équipe

Pour assurer le succès de ce projet, nous constituerons une équipe multidisciplinaire composée des membres suivants :

- **Créateurs de contenu :** Rédacteurs, rédacteurs et spécialistes du multimédia pour produire des articles, des vidéos et du contenu interactif de haute qualité.
- **Historiens et chercheurs :** Experts de l'histoire et de la culture algériennes pour fournir des informations précises et approfondies.
- **Collaborateurs universitaires :** Partenariats avec des universités algériennes pour faciliter la recherche académique et donner accès à des ressources académiques.
- **Archivistes :** Professionnels compétents dans la gestion et la conservation de documents et d'artefacts historiques.
- **Équipe de développement informatique et Web :** Concepteurs et développeurs pour créer et maintenir des sites Web conviviaux et visuellement attrayants.
- **Équipe de marketing et de sensibilisation :** Promouvoir les sites Web et s'assurer qu'ils atteignent un large public.

Plan de mise en œuvre

1. **Recherche et développement de contenu**
   - **Collaboration :** Collaborez étroitement avec des historiens, des chercheurs et des universités pour recueillir un contenu authentique et détaillé.
   - **Calendrier de contenu :** Développez un calendrier de contenu pour planifier et programmer la création et la publication de contenu.
   - **Contenu multimédia :** Produisez une variété de formats de contenu, y compris des articles, des vidéos, des podcasts et des infographies.
2. **Conception et développement de sites web**
   - **Équipe de développement professionnel :** Embauchez une équipe de développement Web qualifiée pour concevoir et construire les sites Web.
   - **Expérience utilisateur :** Concentrez-vous sur la création d'une interface conviviale avec une navigation et une fonctionnalité de recherche faciles.
   - **Intégration multimédia :** Assurez-vous que les sites Web peuvent héberger divers éléments multimédias tels que des vidéos, des images et des fonctionnalités interactives.
3. **Gestion des archives et des bases de données**
   - **Partenariats :** Établir des partenariats avec les archives, les musées et les bibliothèques nationaux.
   - **Numérisation :** Numérisez des documents historiques, des photographies et d'autres ressources pour un accès en ligne.
   - **Création de base de données :** Développez une base de données organisée et consultable pour stocker et gérer le contenu numérique.
4. **Marketing et sensibilisation**
   - **Stratégie marketing :** Développez un plan marketing complet pour promouvoir les sites Web.
   - **Médias sociaux :** Utilisez les plateformes de médias sociaux pour atteindre un large public et engager les utilisateurs.

- **Partenariats médias :** Collaborer avec les chaînes de télévision, les journaux et autres médias algériens pour des activités promotionnelles.
5. **Amélioration continue et engagement**
   - **Mises à jour régulières :** Gardez le contenu frais et pertinent avec des mises à jour régulières et de nouveaux ajouts.
   - **Engagement des utilisateurs :** Favorisez l'engagement des utilisateurs grâce aux médias sociaux, aux commentaires et aux fonctionnalités interactives.
   - **Mécanisme de rétroaction :** Mettez en place un système de rétroaction pour recueillir les commentaires des utilisateurs et apporter des améliorations continues.

Justification et importance

- **Préservation culturelle :** La riche histoire et la diversité culturelle de l'Algérie sont des atouts inestimables. Ces sites Web joueront un rôle crucial dans la préservation et la promotion de ce patrimoine pour les générations futures.
- **Ressource éducative :** Les sites Web serviront d'outils éducatifs précieux pour les étudiants, les chercheurs et toute personne intéressée par l'histoire et la culture algériennes.
- **Portée mondiale :** L'établissement d'une présence en ligne rendra la culture algérienne accessible à un public mondial, favorisant la compréhension et l'appréciation interculturelles.
- **Fierté nationale :** Mettre en valeur les réalisations et les contributions des personnalités et des événements algériens favorisera un sentiment de fierté et d'identité nationales.

Partenariats et collaborations

- **Universités :** S'associer aux universités algériennes pour impliquer les étudiants et les professeurs dans la recherche et la création de contenu.
- **Télévision et médias :** Collaborer avec les chaînes de télévision algériennes et d'autres médias pour promouvoir les sites Web et le contenu.
- **Institutions culturelles :** Travailler avec les musées, les bibliothèques et les organismes culturels pour accéder aux ressources et soutenir les activités promotionnelles.

Budget et financement

- **Investissement initial :** Estimez les coûts de développement Web, de création de contenu et d'efforts de marketing initiaux.
- **Coûts permanents :** Budget pour la maintenance, les mises à jour de contenu et les efforts de marketing continus.
- **Sources de financement :** Le financement de ces projets est assuré par une approche multifacette, garantissant un flux régulier et durable de ressources. Les principales sources de financement comprennent :
    - **GiveBack aux projets générateurs de revenus en Algérie :** Nous entreprenons divers projets générateurs de revenus qui non seulement financent nos initiatives, mais offrent également des opportunités d'emploi et économiques au sein des communautés que nous servons. Ces projets sont conçus pour être durables et impactants, créant un cercle vertueux de développement et de réinvestissement.
    - **Partenariats d'entreprises :** Les partenariats avec les entreprises jouent un rôle crucial dans notre stratégie de financement. Les entreprises qui partagent notre vision d'une Algérie prospère apportent un soutien substantiel par le biais de dons, de parrainages et de projets collaboratifs. Ces

partenariats sont mutuellement bénéfiques, améliorant la responsabilité sociale des entreprises tout en induisant un changement social significatif.

La création de sites web dédiés à la mise en valeur de l'histoire et de la culture algériennes est un projet essentiel qui permettra de préserver et de promouvoir le riche patrimoine de la nation. En rassemblant une équipe de créateurs de contenu, d'historiens, d'archivistes et de professionnels de l'informatique talentueux, et en tirant parti des partenariats avec les universités et les médias, ce projet garantira que l'héritage de l'Algérie est accessible, célébré et compris à la fois localement et mondialement. Cette entreprise permettra non seulement d'éduquer et d'informer, mais aussi d'inspirer la fierté et l'appréciation de la riche mosaïque culturelle de l'Algérie.

Conclusion : L'Impératif de l'Initiative GiveBack to Algeria

La Nécessité de l'Initiative GiveBack to Algeria

L'Algérie, une nation riche en histoire, en culture et en ressources naturelles, se trouve à un carrefour. Bien que son passé soit rempli d'histoires de résilience et de détermination, son présent fait face à des défis importants. Des vestiges de l'infrastructure coloniale aux besoins pressants d'une population en croissance, les anciens quartiers et les villes modernes de l'Algérie nécessitent une intervention réfléchie pour atteindre leur plein potentiel. Les zones urbaines, avec leurs quartiers historiques, ont particulièrement besoin de revitalisation. Ces quartiers, autrefois des centres vibrants de la vie communautaire, souffrent aujourd'hui de surpopulation, de détérioration des infrastructures et de stagnation économique. Les jeunes, notre plus grand atout, font face à des opportunités limitées, ce qui pousse beaucoup à chercher des perspectives à l'étranger. Les marchés alimentaires traditionnels, emblèmes de la vie quotidienne, luttent souvent avec des inefficacités qui affectent à la fois les producteurs et les consommateurs. Pendant ce temps, le secteur du tourisme, regorgeant de potentiel inexploité, reste sous-développé, manquant l'occasion de présenter le riche patrimoine de l'Algérie au monde.

L'Idée Derrière l'Initiative GiveBack to Algeria

L'initiative "GiveBack to Algeria" est une réponse audacieuse et visionnaire à ces défis. Elle cherche à mobiliser la puissance collective de la diaspora algérienne et des communautés locales pour transformer l'Algérie grâce à des investissements stratégiques dans des secteurs clés. Cette initiative ne se limite pas à la construction de structures physiques ; elle vise à favoriser une culture de développement durable, d'engagement communautaire et d'autonomisation économique. L'initiative est multifacette, ciblant des domaines essentiels tels que le logement, le commerce de détail, la logistique, l'éducation, la préservation culturelle, les transports et l'urbanisme. En établissant des chaînes de supermarchés, des hôtels et des magasins, en construisant des complexes d'appartements modernes, en créant des bibliothèques et des piscines dans chaque quartier, en revitalisant les théâtres et les espaces culturels, et en améliorant la mobilité urbaine avec des réseaux de bus électriques et des parkings, l'initiative vise à créer un cadre global de croissance et de développement. Chaque projet est conçu pour répondre à des besoins spécifiques tout en contribuant à la vision plus large d'une Algérie moderne, prospère et durable. En se concentrant sur les achats directs, la logistique efficace et les pratiques durables, l'initiative cherche à rationaliser les processus, à réduire les coûts et à créer des opportunités économiques. L'implication des communautés locales dans la planification et la mise en œuvre garantit que les projets sont adaptés aux besoins et aux préférences uniques des personnes qu'ils servent.

L'Importance de la Participation et du Soutien

Le succès de l'initiative "GiveBack to Algeria" repose sur la participation active et le soutien des Algériens, tant au pays qu'à l'étranger. Il s'agit d'un effort collectif, fondé sur la conviction que, ensemble, nous pouvons accomplir bien plus que nous ne pourrions individuellement. Pour la diaspora algérienne, cette initiative offre un moyen tangible de contribuer au développement de la patrie. C'est une opportunité d'investir dans des projets qui créeront des bénéfices durables pour les générations futures. En contribuant à l'initiative, vous aidez à bâtir un héritage de progrès et d'espoir, honorant les sacrifices de ceux qui ont lutté pour l'indépendance de l'Algérie et s'efforçant de réaliser leur rêve d'une nation libre et prospère. Pour les communautés locales, l'initiative fournit une plateforme pour participer activement à la construction de leur avenir. Elle favorise un sentiment d'appartenance et de fierté, en donnant aux résidents les moyens de prendre en charge leurs quartiers et de travailler en collaboration pour atteindre des objectifs communs. Les infrastructures améliorées, les services publics renforcés et les opportunités économiques accrues résultant de ces projets auront un impact direct sur la qualité de vie, faisant de l'Algérie un meilleur endroit pour vivre, travailler et prospérer.

Main dans la Main : Reconstruire et Moderniser

En conclusion, l'initiative "GiveBack to Algeria" est plus qu'une série de projets ; c'est un mouvement vers un avenir meilleur. C'est un appel à l'action pour tous ceux qui croient au pouvoir de l'effort collectif et au potentiel d'une communauté unie. En participant et en soutenant cette initiative, nous faisons des pas significatifs vers la reconstruction de nos anciens quartiers, la modernisation de notre économie locale et nationale, et la création d'un avenir durable et prospère pour tous les Algériens. Main dans la main, nous revitaliserons nos villes, honorerons notre riche patrimoine culturel et ouvrirons la voie aux générations futures. Ensemble, nous pouvons transformer l'Algérie en un phare de progrès, démontrant qu'avec détermination, collaboration et une vision partagée, nous pouvons accomplir des choses extraordinaires. Rejoignez-nous dans l'initiative "GiveBack to Algeria" et faites partie de ce voyage transformateur. Construisons demain, aujourd'hui.

Toufik Bakhti

tbakhti@gmail.com
00447722295814
info@givebacktoalgeria.com

Le livre de l'initiative **"Give Back to Algeria"** est désormais disponible à l'achat sur Amazon ! Tous les bénéfices de la vente seront directement utilisés pour couvrir les frais essentiels de mise en place de l'initiative, y compris le développement du site web, la création du fonds en Algérie, les frais juridiques et toutes les dépenses nécessaires au lancement du projet. Les détails financiers seront publiés mensuellement sur le site web de l'initiative afin de garantir une transparence totale. En achetant ce livre, vous jouez un rôle clé dans la création des bases d'un mouvement qui impulsera le développement futur de l'Algérie.

"Merci de lire et de partager"

Merci d'avoir pris le temps de lire ce livre et de faire partie du chemin vers un avenir meilleur pour l'Algérie. Votre soutien ne s'arrête pas ici — en partageant ce livre avec d'autres, vous contribuez à diffuser cette vision et à nous rapprocher de la réalisation de l'initiative **GiveBack to Algeria**. Ensemble, nous pouvons construire une Algérie moderne et prospère. Faisons de ce rêve une réalité !

Merci d'avoir lu et partagé

Le livre « Give Back to Algeria » est désormais disponible à l'achat sur Amazon. Tous les revenus issus de sa vente contribueront directement à couvrir les coûts essentiels de lancement de l'initiative : développement du site web, mise en place du dispositif en Algérie, frais juridiques, et dépenses nécessaires pour démarrer sérieusement.

Les informations financières seront publiées chaque mois sur le site de l'initiative afin de garantir la transparence. En achetant ce livre, vous jouez un rôle concret dans la construction des bases d'un mouvement qui vise à soutenir le développement futur de l'Algérie.

Merci de lire et de partager

Merci d'avoir pris le temps de lire ce livre et de faire partie du chemin vers une Algérie plus forte. Votre soutien ne s'arrête pas ici : en partageant ce livre autour de vous, vous diffusez la vision et nous rapprochez d'une mise en œuvre réelle de l'initiative GiveBack to Algeria. Ensemble, nous pouvons bâtir une Algérie moderne et prospère.

Toufik Bakhti

info@givebacktoalgeria.com

00447722295814

givebacktoalgeria.com

www.ingramcontent.com/pod-product-compliance
Lightning Source LLC
Chambersburg PA
CBHW071923210526
45479CB00002B/526